Benni-Mama

Große Ärsche im Klassenzimmer

Eine Grundschulmutter schlägt zurück

FISCHER Taschenbuch

3. Auflage: August 2016

Originalausgabe
Erschienen bei FISCHER Taschenbuch
Frankfurt am Main, August 2016

© 2016 S. Fischer Verlag GmbH,
Hedderichstr. 114, D-60596 Frankfurt am Main

Satz: Dörlemann Satz, Lemförde
Druck und Bindung: CPI books GmbH, Leck
Printed in Germany
ISBN 978-3-596-03647-9

Inhalt

Schule ist nichts für Anfänger

Warum ich noch nicht schultauglich und trotzdem schon eine Premium-Mutti bin

»Däär Päänis ist in Ortnunk!«

Schulärztin Doktor Rachnowa, eine Frau mit Kurzhaarschnitt, starkem osteuropäischem Akzent, weißem Kittel und der Aura einer Gulag-Aufseherin, hält Bens kleinen Pimmel zwischen Daumen und Zeigefinger und prüft fachmännisch die Beweglichkeit seiner Vorhaut. Mein sechsjähriger Sohn starrt schicksalsergeben an die Decke, bis Doktor Rachnowa endlich von seinem Geschlechtsteil ablässt, er sich seine Batman-Unterhose wieder hochziehen darf und wir mit einem schnarrenden »Tauglich! Härzlichän Glöckwonsch!« entlassen werden.

Tauglich. Schultauglich. Mein kleiner Ben, der eben gerade noch ein Baby war und mir die Nippel wund gekaut hat, wird in wenigen Wochen eingeschult. Und der obligatorische Besuch beim Schularzt hat mich schon mal darauf vorbereitet, was das heißt: Ich – seine Mutter – habe von jetzt an nichts mehr zu sagen. Gar nichts mehr.

Fast eine Stunde lang hat Frau Doktor Rachnowa Ben auf seine Schultauglichkeit untersucht. Sehtest, Hörtest, Kniebeugen, Hampelmann – hat er alles prima gemacht, mein Sohn. Hat wie ein Profi Mengen eingeschätzt, Sätze vervollständigt, eine Zeichnung von sich selbst angefertigt. Und immer sah ihn Doktor Rachnowa mit der gleichen kalten, unbeweglichen Miene an, ohne auch nur das kleinste aufmunternde Lächeln. So, als wäre Ben ein Laboraffe und nicht ein kleiner aufgeregter Kerl, der mit roten Wangen versucht, alle Aufgaben so gut wie möglich zu lösen. Bis ich es auf meinem Stühlchen nicht mehr ausgehalten habe und ein fröhliches »Prima, Ben. Gut gemacht!« in seine Richtung flüsterte.

»Mama moss still sein!«, fauchte die Rachnowa von ihrem Schreibtisch aus in meine Richtung. »Sohn moss allain schaffen!«

Hat er natürlich auch. Ganz wunderbar sogar. An Bens Schultauglichkeit habe ich überhaupt keinen Zweifel. Aber an meiner.

Ich glaube, ich bin noch nicht so weit. Ich schlafe plötzlich schlecht. Ich spüre, dass in diesem Sommer mehr zu Ende geht als der morgendliche Schlendrian und die Möglichkeit, außerhalb der Ferien günstig in den Urlaub zu fahren. Ich schaue Bens alte Babyfotos an und bekomme sofort feuchte Augen. Ich habe Albträume, in denen ich meinen blondgelockten Sohn morgens in einen gigantischen fabrikartigen Backsteinbau schlurfen sehe, wo er von drachenhaften Echsenwesen mit Algebraformeln malträtiert und von schwitzenden, geifernden Viertklässlern auf dem Jungsklo verprügelt wird. Und ich kann nichts dagegen tun. Er muss da allein durch. Ich, die ich mein Kind ohne Bedenken mit einem Jahr in die Kita gesteckt habe, bekomme plötzlich Beklemmungen bei dem Gefühl, mein Kind einer staatlichen Institution anzuvertrauen.

»Ist doch klar. Jetzt geht es ja auch richtig um was. Jetzt ist nicht mehr duzi-duzi im Bällebad, jetzt geht es um die Zukunft. Und die ersten zwei Schuljahre sind so entscheidend. Wenn Ben da an die falsche Lehrerin gerät, dann wird er nie Spaß am Lernen haben«, orakelt meine Freundin Sabine mit kummervoll zerfurchter Stirn.

Sie muss es wissen, denn ihr Sohn ist schon sechzehn und interessiert sich nur für »Stoff«, wenn man ihn rauchen kann. Ob daran seine erste Lehrerin schuld ist? Keine Ahnung. Jedenfalls hatte ich mir von unserer Verabredung bei unserem Lieblingsitaliener etwas mehr Trost erhofft, nach meinem traumatisierenden Erlebnis bei der Schulärztin heute Morgen.

»Hat die Schule denn einen guten Ruf, auf die Ben gehen wird? Weißt du schon was über das Kollegium?«, fragt Sabine.

»Puh, keine Ahnung. Wir haben Ben einfach an der nächstgelegenen Grundschule angemeldet. Da kann er zu Fuß hinlaufen und ...«

»Wie – du hast dich nicht erkundigt, nach welchem pädagogischen Konzept die arbeiten? Wie hoch der Anteil an Migrantenkindern ist? Ob da nach Silben- oder Anlautmethode lesen gelernt wird? Ob die Klassen altershomogen sind oder jahrgangsübergreifendes Lernen praktiziert wird?« Sabine sieht mich fassungslos an und lässt die Gabel sinken.

Tja, was soll ich sagen? Wir waren in den letzten Wochen einfach viel zu beschäftigt. Wir – also Ben, seine zweijährige Schwester Hannah, der Vater dieser bezaubernden Kinder, unser Labrador Pupsi und ich selbst – mussten sehr überstürzt umziehen. (Falls Sie wissen möchten warum, lesen Sie »Kleine Scheißer in großen Gärten«, ein schonungsloser Bericht über unser Familienleben im Speckgürtel unserer Heimatstadt. Ja, wir wollten raus aufs

Land, der Kinder wegen. Achtung, Spoiler: Wir sind krachend gescheitert! Und nun seit kurzem wieder Stadtbewohner.) Und zwischen all den Umzugskisten und Farbrollen sind uns irgendwie ein paar wichtige Termine durch die Lappen gegangen. Der Pflichttermin beim Schularzt zum Beispiel, den wir schon vor Monaten hätten absolvieren müssen. Und die diversen »Tage der offenen Tür« an allen Grundschulen im Umkreis. Da gehen gute Eltern nämlich hin und informieren sich, wo und mit wem der geliebte Sprössling demnächst zum mündigen Staatsbürger geformt wird. Wir sind aber keine guten Eltern, fürchte ich.

Ich muss zugeben, insgeheim hatte ich mich sogar ein bisschen gefreut auf den Beginn der Schulzeit, nach all den Jahren quälender basisdemokratischer Entscheidungen im Kindergarten. Da hatten wir Eltern uns gefühlt alle drei Wochen die großen Ärsche auf den kleinen Stühlen platt gesessen und vom richtigen Bio-Essen bis zum Umgang mit Läuseepidemien alles stundenlang ausdiskutiert. (Da sollte mal jemand ein Buch drüber schreiben, meinen Sie? Hab ich längst. Es heißt »Große Ärsche auf kleinen Stühlen«. So, jetzt aber Schluss mit der Werbung!) Ich dachte: Ist vielleicht gar nicht so übel, ein bisschen Verantwortung abzugeben. Nicht mehr bei jedem Pippifax mit entscheiden zu müssen. Und hey: Ich hab es ja auch irgendwie durch die Schulzeit geschafft, ohne dass meine Mama mir dabei das Händchen gehalten hätte.

Aber jetzt, da der Einschulungstermin näher und näher rückt, werde ich immer panischer. Je mehr sich Ben auf die Schule freut, umso mehr muss ich mich beherrschen, ihm nicht zu sagen, wie sehr er sich möglicherweise schon bald wünschen wird, nie wieder eine Schule betreten zu müssen. Und dieser Abend mit Sabine macht die Sache nicht besser.

»Die Einschulung deines Kindes ist ein echter Wendepunkt. Du musst das ernst nehmen. Jetzt kannst du noch an ein paar Stellschrauben drehen und dafür sorgen, dass er einen optimalen Start hat. Aber wenn er erst mal drin ist im System – dann bist du machtlos«, sagt meine Freundin, als wir uns verabschieden.

Gleich am nächsten Morgen gehe ich los. An Stellschrauben drehen, so wie Sabine mir geraten hat. Ich marschiere in die Astrid-Lindgren-Grundschule, an der wir Ben angemeldet haben, um ein Formular abzugeben, das ich vor ein paar Tagen in der Post hatte. Auf dem Blatt sind Notfalltelefonnummern einzutragen, ich kann auswählen, ob Ben am Religionsunterricht teilnehmen oder vom Sportunterricht befreit werden soll. Vor allem aber kann ich eine »Wunsch-Klassenlehrerin« angeben, wobei dies keine Garantie beinhalte, dass dieser Wunsch auch erfüllt werden könne, wie es auf dem Zettel heißt. Ich kenne keine der Lehrerinnen (gibt es auch Lehrer?) der Astrid-Lindgren-Grundschule, bin aber wild entschlossen, durch ein bisschen Smalltalk mit der Schulsekretärin herauszufinden, welche die optimale Lehrkraft für meinen Kronsohn ist, um wenigstens an dieser einen Stelle beruhigt sein zu können, dass ich alles, aber auch wirklich alles in meiner Macht stehende getan habe, um ihm den Ernst des Lebens so leicht wie möglich zu machen.

Ich betrete also die Schule, einen zweigeschossigen Zweckbau, der u-förmig um einen mit ein paar Schaukeln und zwei Tischtennisplatten ausgestatteten Schulhof herum gebaut ist, ziehe vorbei an einer Vitrine mit Sport-abzeichen und Pokalen, werfe einen kurzen Blick auf eine in einem weiteren Schaukasten ausgestellte Pappmaché-Pippi-Langstrumpf, registriere kurz den altvertrauten Schulgeruch – eine Mischung aus PVC-Reiniger, Kreide-staub und Kinderschweiß – und biege ein in den Flur, in dem laut einer Hinweistafel das Schulsekretariat zu finden sein soll. Vor der Tür sitzen zwei Mütter, die offensichtlich denselben Plan haben wie ich, jedenfalls haben auch sie das ausgefüllte Formular in der Hand und unterhalten sich mit gedämpfter Stimme.

»Theo würde ja gern mit Karl zusammen in die Klasse, aber ich bin total dagegen, der lenkt ihn doch immer nur ab.«

»Verstehe ich total, ich versuche auch, Johanna von Ellie fernzuhalten, aber Ellie kommt bestimmt zu Frau Honig, so wie ihre große Schwester. Und Frau Honig soll ja wirklich die Beste sein.«

»Oh, da habe ich aber ganz andere Sachen gehört. Ich sage nur: Burn-out-Klinik!«

»Sie ist halt sehr engagiert! Aber du hast recht, das ist natürlich furchtbar für die Kinder, wenn ihre Lehrerin wo-chenlang einfach verschwindet.«

»Das holen die ja auch nie wieder auf. Ich habe gehört, gerade für Mädchen soll Frau Kaufmann ganz toll sein, die soll ja viel singen und Theater spielen im Unterricht.«

»Frau Kaufmann wäre auch immer meine zweite Wahl. Hauptsache nicht zur Horst.«

»Ganz schlimme Frau! Der Sohn meiner Nachbarin war bei Frau Horst, und die hat sich nie ganz davon erholt.«

»Hast du auch das mit der Trillerpfeife gehört?«

»Ja, unfassbar. Wenn die Theo in die Klasse von Frau Horst stecken, hören die von unserem Anwalt, das schwör ich dir.«

»Verstehe ich total. Da müsste man mal das Schulamt drüber informieren. Dann gibt es ja noch die Frau Nowak, die soll auch ganz nett sein.«

»Ja, aber die kommt aus Polen und ist erst mit sechs nach Deutschland gezogen, hat man mir erzählt. Die ist also keine Muttersprachlerin. Willst du riskieren, dass dein Kind nie richtig Lesen und Schreiben lernt? Außerdem stecken sie zu der immer die ganzen Migrantenkinder, und da fühlen sich unsere doch ganz schnell unterfordert.«

Ich rutsche immer tiefer auf meinem Stühlchen und versuche, den Kloß in meinem Hals zu ignorieren. Ich habe es total verbockt. Alle anderen Mütter wissen selbstverständlich schon längst, welche Klassenlehrerin die beste für ihr Kind ist. Ich habe keine Ahnung, ich habe nichts recherchiert und lasse den armen Ben ins offene Messer laufen.

Die beiden anderen Mütter werden nacheinander ins Sekretariat gerufen, kommen bald darauf mit Siegerlächeln wieder heraus und verabschieden sich mit Bussi rechts und links, ohne mich auch nur eines Blickes zu würdigen.

Dann bin ich dran. Ich trete vor eine Art Tresen, über dessen Rand ich die Schulsekretärin an ihrem Schreibtisch sitzen sehe: eine etwa fünfzigjährige Frau, den braunen Kurzhaarschnitt mit magentafarbenen Strähnchen aufgepeppt, die seufzend etwas in einen Computer tippt und mich noch etwa zwei Minuten lang ignoriert. Dann blickt sie mit gequälter Miene auf: »Auch Ersti-Mutti?«

Ersti-Mutti?

»Äh, mein Sohn Ben wird hier demnächst eingeschult, und ich wollte …«

»Sag ich doch. Ersti-Mutti«, sagt die Sekretärin und dreht ihren Stuhl in meine Richtung. »Und? Was wollen Sie mir noch sagen über den jungen Mann? Ist er hochbegabt? Hochsensibel? Kann er ohne seinen besten Freund nicht leben und muss deshalb unbedingt neben ihm sitzen? Werden Sie auch Ihren Anwalt konsultieren, falls Ihr Sohn nicht zu Frau Honig in die Klasse kommt? Wollen Sie ihn jetzt schon auf die Warteliste für die Schach-AG setzen?«

»Ich … nein … ich wollte mich nur mal erkundigen …«, stottere ich.

»Erkundigen! Nach was denn? Dem Krankenstand im Kollegium? Ob hier auch makrobiotische Gerichte im Speiseplan vorgesehen sind? Der Handynummer des Direktors?«

»Äh, nein, es ist wegen diesem Zettel hier …«, sage ich zaghaft und reiche das Formular über den Tresen.

Die Sekretärin rupft es mir aus der Hand, faltet es auseinander, und ihr Blick hellt sich merklich auf.

»Oh, Sie haben keine Präferenzen, was die Lehrkraft angeht? Sehr schön, das gefällt mir«, sagt sie.

»Na ja, wir sind gerade her gezogen, und ich kenne mich nicht aus. Ich dachte, Sie könnten mir vielleicht jemanden empfehlen?«, sage ich zaghaft, aber die Schulsekretärin setzt ihre randlose Brille ab, lässt sie an einem Goldkettchen über ihrem großen Busen baumeln, schaut mir tief in die Augen und sagt:

»Hören Sie, Sie glauben doch nicht im Ernst, dass wir

hier die Eltern entscheiden lassen, bei welchen Lehrern ihre Kinder eingeschult werden?«

»Ja, aber man kann doch auf dem Zettel angeben, bei wem man …«

»Reines Ablenkungsmanöver«, unterbricht mich die Frau und schüttelt milde lächelnd den Kopf. »Das machen wir nur, damit Mütter wie Sie glauben, Sie hätten hier irgendetwas mitzuentscheiden. Wenn wir uns daran halten würden, würde hier das totale Chaos ausbrechen. Wir losen die Kinder einfach ihren Klassenlehrerinnen zu. Dann setzen sich die Damen bei einem Glas Wein zusammen und tauschen einzelne Kinder untereinander aus. Manchmal kennt man ja die Eltern schon von älteren Geschwistern und will sich die auf jeden Fall vom Hals halten.«

»Es ist also total egal, was ich auf den Zettel schreibe?«

»Ja, ist es. Aber verraten Sie das nicht Ihren ganzen Mütterfreundinnen da draußen, die mir schon seit Wochen hier die Bude einrennen.«

»Okay, aber warum sagen Sie nicht einfach ganz offen, dass die Kinder den Lehrern zugelost werden?«

»Na, weil Ersti-Mütter alle völlig durchgeknallt sind! Schauen Sie doch mal in den Spiegel, ich sehe sofort, dass Sie seit Tagen schlecht schlafen, weil Sie sich solche Sorgen um Ihr Kind machen. Sie können nicht loslassen, Sie wollen die Kontrolle nicht abgeben, Ihr Kind keiner Situation aussetzen, in die Sie nicht eingreifen können. Und Sie glauben wahrscheinlich, dass alles davon abhängt, welche Lehrerin Ihr Sohn jetzt bekommt, richtig?«

Ich nicke stumm.

»Na, sehen Sie. Und deshalb lassen wir Muttis wie Sie in dem Glauben, dass Sie ein bisschen Einfluss haben, das

Schicksal ein bisschen in die richtige Richtung schubsen können. Solange Sie sich daran abarbeiten, fallen Ihnen nämlich all die anderen Sachen nicht auf. Zum Beispiel, wie baufällig hier alles ist. Wie die Klos aussehen. Dass mein Computer hier einer von gerademal vieren an der ganzen Schule ist. Dass wir immer noch keine Chinesisch-kurse für all die kleinen Hochbegabten anbieten. Fällt keinem auf, solange sich alle nur Gedanken machen, in welche Klasse und zu welcher Lehrerin die Kinder kommen.«

»Aber ich verstehe immer noch nicht den Unterschied. Warum sagen Sie nicht einfach, dass Sie auslosen? Das ist doch auch am gerechtesten«, frage ich.

»Haben Sie eine Ahnung, was dann hier los wäre? Wir haben so viele Anwälte in der Elternschaft, wir müssten die Verlosung öffentlich und unter notarieller Aufsicht machen und würden danach wahrscheinlich immer noch mit Klagen überzogen!«

»Aber wenn Sie heimlich losen, sind die Eltern doch hinterher auch unzufrieden und beschweren sich.«

»Ach was, die erfahren ja erst am Einschulungstag, bei wem ihr Kind landet. An dem Tag sind sowieso alle total durch den Wind. Und wenn der Unterricht erst mal losgeht, beruhigen sich die meisten. Weil sie dann merken, dass hier keine Kinderfresser arbeiten. Es wird vier erste Klassen geben mit vier wirklich sehr kompetenten Lehrerinnen, die selbst den dümmsten Kindern mit den beklopptesten Eltern bis zum Ende der Grundschule Lesen, Schreiben und Rechnen beibringen. Ganz ehrlich, diese Schule gibt es seit 25 Jahren, und ich kann mich nicht erinnern, dass wir jemals ein Kind nachhaltig traumatisiert hätten.«

18

»Beruhigend.«

»Es geht doch nur um die ganze Aufregung vorher. Da geraten die Eltern in diese ›Jetzt geht es um alles!‹-Panik. Die es sich leisten können, schicken ihre Kinder gleich auf die Privatschule und der Rest steht eben täglich bei mir auf der Matte und geht mir auf die Nerven. Ich meine, haben Sie die beiden Muttis gesehen, die vor Ihnen hier hereinmarschiert sind? Unter welchem Druck die stehen? Die eine hatte schon nervöse Zuckungen am Auge. Und mit der Möglichkeit, eine Präferenz zu äußern, was die Klassenlehrerin betrifft, nehmen wir einfach ein bisschen Druck aus dem Kessel. Manche versuchen es wenigstens mit Bestechung und bringen Schokolade mit. Bin ja zum Glück nur angestellt und nicht verbeamtet. Wollen Sie?«

Die Sekretärin öffnet eine Schublade unter ihrem Schreibtisch, die bis zum Rand mit Pralinenschachteln gefüllt ist. Sie hält mir eine der Schachteln vor die Nase und ich stecke mir einen Schokotrüffel in den Mund.

»Und was mache ich jetzt?«, frage ich kauend.

»Sie? Sie gehen nach Hause, schlafen mal wieder normal, hören auf, Ihrem Sohn die Vorfreude auf die Schule zu vermiesen, indem Sie in grundlose Panik verfallen, und entspannen sich. Für Sie spricht, dass Sie heute zum ersten Mal hier bei mir sind, anderen Kandidatinnen halte ich schon seit Monaten das Händchen. Und wenn Sie mir versprechen, nie wieder hier aufzutauchen und vor allem niemandem zu verraten, was ich Ihnen gerade alles erzählt habe, mache ich ein kleines Sternchen auf Ihren Anmeldungsbogen«, sagt die Sekretärin verschwörerisch.

»Und was bedeutet das Sternchen?«, frage ich.

»Das Sternchen macht Sie zur Premium-Mutti mit besonders geringem Nerv-Faktor. Die vier Kolleginnen werden sich um Ihren Sohn reißen. Sie haben ganz gute Chancen, am Ende bei Frau Horst zu landen, die ist am längsten dabei und verhandelt am geschicktesten«, sagt die Sekretärin.

»Frau Horst? Aber die soll doch so furchtbar …«, stammle ich entsetzt, doch die Sekretärin legt den Zeigefinger an ihre Lippen und sagt eindringlich:

»Schweigen Sie! Machen Sie sich Ihren Premium-Status nicht durch unbedachte Äußerungen wieder kaputt. Frau Horst ist eine sehr engagierte und professionelle Lehrkraft mit viel Erfahrung, geachtet und geliebt von all ihren Schülerinnen und Schülern. Und jetzt gehen Sie bitte, wir haben schon lange genug geplaudert. Wir sehen uns dann bei der Einschulungsfeier.«

»Du wirst es nicht glauben, aber wir sind Premium-Eltern«, erzähle ich abends meinem Mann, als die Kinder schlafen. »Und ich habe keine Ahnung, ob das eine gute oder eine schlechte Nachricht ist.«

Das Grauen in Tüten

**Wer einen Erstklässler ausstaffiert,
muss sich von feministischen und
ästhetischen Prinzipien verabschieden**

Zwei Wochen noch bis zum Schulbeginn, und ich merke: So eine Einschulung ist im Grunde wie eine Geburt. Nur weniger blutig. Dieses wochenlange Hin-und-her-gerissen-Sein zwischen Vorfreude und Angst, die Ahnung, dass danach nichts mehr so sein wird wie vorher, das Loslassenmüssen. Und vor allem: der Shopping-Wahn!

Die Ausstattung eines Erstklässlers ist mindestens so umfangreich wie die Ausstattung eines Säuglings, nur dass man den Erstklässler nicht mit dem abgetragenen Zeug seiner großen Geschwister in die Schule schickt. Es müssen also her: Schulranzen, Turnbeutel, Hallenschuhe, Hausschuhe, Federmäppchen, dazu Hefte, Stifte und Bastelmaterialien aller Art, deren Auflistung zwei engbedruckte DIN-A4-Seiten füllt, die mir die Schulsekretärin bei meinem aufschlussreichen Besuch mitgegeben hatte. Ach ja, und natürlich eine Schultüte sowie ein einigermaßen ordentliches Outfit für die große Einschulungsfeier.

Ich beginne mal beim größten Posten und recherchiere kurz im Internet, was denn so ein Schulranzen eigentlich kostet. Daraufhin muss ich zweimal trocken schlucken und greife schließlich zum Telefonhörer.

»Hallo Mutter, ich bin's. Du, Ben braucht ja noch einen

Schulranzen, und ich dachte: Wäre es nicht schön, wenn du ihm den schenkst?«

»Liebes!«, stöhnt meine Mutter in ihrem unnachahmlichen »Was soll aus dem Kind nur werden«-Ton ins Telefon. »Die Einschulung ist in zwei Wochen, und ihr habt euch noch nicht um das Wesentliche gekümmert? Ich frage mich wirklich, ob ihr meinem Enkelsohn die Aufmerksamkeit zukommen lasst, die ihm gebührt. Als DU damals in die Schule gekommen bist, habe ich Wochen im Voraus ...«

»Ja, Mutter«, unterbreche ich. »Ich weiß, wir sind wie immer spät dran mit allem, du hast recht. Aber jetzt sag bitte: Bezahlst du den Ranzen oder nicht?«

»Also gut«, stöhnt meine Mutter in den Hörer. »Ich gehe noch heute los und besorge einen, soll ja was Ordentliches sein.«

»Nein, Mutter, so war es nicht gedacht. Ich wollte wissen, ob du ihn BEZAHLST. Die sind nämlich teuer, und bei uns ist gerade echt Ebbe in der Kasse nach dem Umzug. Aber Ben sollte sich seinen Ranzen selber aussuchen dürfen, findest du nicht?«

»Na gut«, sagt meine Mutter spitz. »Wenn ich hier nur zum Bezahlen gebraucht werde – bitte sehr. Ich überweise dir Geld. Aber nicht, dass ihr irgendeinen hässlichen Firlefanz kauft!«

Ach, da bin ich ganz unbesorgt. Praktisch und sicher sind diese Schulranzen ja heutzutage fast alle, und was die Optik angeht, habe ich vollstes Vertrauen in meinen Sohn. Er wird sich schon nichts völlig Unsägliches aussuchen. Habe ich das Kind bislang nicht erfolgreich von all dem hässlichen Star-Wars-Gedöns und Disney-Merchandise-Zeugs ferngehalten? Ihm von Geburt an Bücher vorgelesen, von den besten Illustratoren des Planeten liebevoll bebildert? Ihm rote, gelbe und grüne Klamotten angezogen, um ihm einzutrichtern, dass es zwischen khaki/blau für Jungs und rosa/pink für Mädchen auch noch andere modische Ausdrucksformen gibt? Wenn ich in einer Sache nicht versagt habe, dann in der ästhetischen Bildung meines Erstgeborenen!

Mit Ben an der Hand und Hannah im Buggy marschiere ich also siegesgewiss ins örtliche Fachgeschäft und stehe vor einer großen Wand aus Schulranzen. Die rechte Seite glitzert und blinkt in allen erdenklichen Schattierungen der Farbe Pink. Einhörner galoppieren, Prinzessinnen strahlen, Feen flattern. Auf der linken Seite ausschließlich düsteres Dunkelblau und Schwarz, durchbrochen vom Orange der Reflektoren sowie von rotglühenden Drachen- und T-Rex-Augen, Lichtschwertern und grinsenden Totenköpfen. Ben geht zielstrebig nach links, zeigt auf einen Star-Wars-Ranzen, dessen Schnallen wie Darth-Vader-Masken aussehen, und sagt: »Den da!«

»Aber Ben«, sage ich und denke wehmütig an den schlichten, sonnengelben Scout-Ranzen, den ich selbst zur Einschulung getragen hatte. »Muss es echt einer mit Star Wars sein? Das hat dich doch bislang auch nicht interessiert. Findest du das wirklich … schön?«

»Nicht schön, aber cool«, sagt Ben bestimmt. »Du hast gesagt, ich darf selber aussuchen, Mama. Und ich will den hier.«

Ich hole eine Verkäuferin zu Hilfe, frage mit gedämpfter Stimme nach etwas Neutralerem, »etwas ohne Mord und Totschlag«.

Die Frau sieht mich an, als hätte ich den Verstand verloren. »Jungs mögen so was«, sagt sie.

»Aber ich nicht. Ich leide unter Totenkopfallergie, und ich hasse Star Wars. Sogar die frühen Episoden. Außerdem bin ich ja diejenige, die den Ranzen bezahlt, da werde ich wohl noch ein Wörtchen mitreden dürfen«, sage ich.

»Stimmt doch gar nicht, Oma zahlt den doch«, mault Ben.

Die Verkäuferin lächelt maliziös und führt mich schließlich in eine Ecke, in der es noch eine kleine Auswahl von Rennautomotiven in übelster Air-Brush-Optik gibt sowie einen Ranzen mit Disneys »Pu der Bär«.

»Haben Sie nicht was mit ganz normalen Tieren drauf? Oder meinetwegen Raumschiffen? Oder wenigstens einer Feuerwehr? Einfach irgendwas, das nicht so unfassbar lieblos und hässlich ist?«, frage ich.

Die Verkäuferin zuckt mit den Achseln, murmelt was von Angebot und Nachfrage und verschwindet. Mein Sohn sieht mich flehentlich an:

»Bitte Mama, den mit Star Wars!«

»Nur über meine Leiche. Komm Ben, lass uns noch mal schauen, vielleicht finden wir ja einen mit Dinos drauf. Die magst du doch auch.«

Ich ziehe meinen Sohn also noch mal vor die Wand mit den Ranzen und suche nach Dinos. Sehe aber nur geifernd aufgerissene T-Rex-Mäuler. Kein Triceratops, kein Diplodocus weit und breit, die sympathischen Pflanzenfresser scheinen unter Schulranzen-Designern keine Lobby zu haben.

»Dinos sind für Babys«, mault Ben, und ich denke, wenn diese Horrorechsen, die ich hier sehe, für Babys sein sollen, dann kommt später einiges an Psychotherapiekosten auf diese Gesellschaft zu.

Apropos Baby: Wo ist eigentlich Hannah? Meine zweijährige Tochter, die zu Hause am liebsten mit den Autos ihres Bruders spielt, nichts so sehr hasst wie Haarspangen und sich mit Wonne in jede Schlammpfütze wirft, hat sich aus ihrem Buggy geschnallt und ist schnurstracks in Richtung Mädchenabteilung gelaufen, dahin, wo es so lieblich rosa glitzert und blinkt.

»DA!«, sagt sie und zeigt auf einen pinken, mit bunten Strasssteinchen – Verzeihung: mit Feenstaub – besetzten Kinderrucksack.

»Na, möchte die kleine Maus auch was Hübsches, wenn der große Bruder in die Schule kommt?«, säuselt die Verkäuferin auf sie ein.

Ich lasse den schmollenden Ben in der düsteren Jungs-Ecke stehen und hechte zu meiner Tochter, bevor diese Frau mein noch so unschuldiges Kind pinkifiziert.

»Danke, die kleine Maus hat keinen Bedarf«, sage ich und nehme Hannah auf den Arm.

»DA! HABM!«, sagt Hannah und deutet weiter auf den Glitzerrucksack.

»Nicht den, Hannah. Bitte nicht. Komm, wir schauen mal, ob wir für dich auch was finden. Was mit Autos. Oder mit Tieren. Oder …«

»Tiere? Da haben wir was ganz Bezauberndes mit Einhörnern«, sagt die Verkäuferin und zeigt auf einen weiteren Glitzerrucksack mit weißen Einhörnern darauf, die über einen Regenbogen galoppieren.

»DA! MAMA! HABM!«, ruft Hannah, jetzt schon mit dem Tremolo eines nahenden Wutanfalls in der Stimme.

25

Aus den Augenwinkeln sehe ich, wie Ben sich den Star-Wars-Schulranzen auf den Rücken gezogen hat und vor einem großen Wandspiegel Posen übt, die er offenbar für cool und verwegen hält.

Ich koche. »Wissen Sie, was Sie hier machen?«, fahre ich die Verkäuferin an. »Sie versauen meine Kinder. Sie zementieren Geschlechterklischees. Sie haben in Ihrem verdammten Laden nicht einen einzigen neutralen Schulranzen, der nicht ganz klar für Jungs oder für Mädchen gestaltet ist. Alles hier ist entweder aggro oder niedlich. Was lernen meine Kinder denn hier? Dass Jungs immer mutig sein müssen und sich prügeln sollen. Und die Mädchen, dass sie süß und puppig und lieb zu sein haben. Ich kaufe diesen Schrott hier nicht!«

Die Verkäuferin starrt mich fassungslos an und sagt dann an Hannah gerichtet: »Na, eure Mama gönnt euch aber auch keinen Spaß, was, kleine Maus?«

»DA! DAAAA!«, ruft Hannah und zeigt erneut in Richtung Glitzerungetüm.

Ben kommt mit dem Star-Wars-Ranzen auf dem Rücken in meine Richtung gestratzt: »Bitte Mama, da sind auch noch ein Star-Wars-Mäppchen und ein Star-Wars-Turnbeutel und eine Star-Wars-Trinkflasche drin.«

»Ja, alles im Set, der Preis ist auch wirklich unschlagbar!«, sagt die Verkäuferin.

Ich rufe Benni-Papa an. Ich brauche moralische Unterstützung.

»Star Wars? Ist doch cool. Für so einen Schulranzen hätte ich früher getötet!«, sagt mein Mann ins Telefon. »Ich verstehe dein Problem nicht.«

»Mein Problem? Dein Sohn will das Konterfei eines asthmatischen Superschurken auf dem Rücken mit sich herumtragen. Dasselbe Kind, das beim KIKA-Gucken vor Anspannung feuchte Hände bekommt, wenn Heidi Streit mit dem Ziegenpeter hat. Er weiß doch noch gar nicht, worum es da eigentlich geht! Er weiß ja noch nicht mal, dass Darth Vader der Böse ist.«

»Na und? Das ist doch total egal. Es ist ein Schulranzen, mehr nicht. Er findet ihn cool, und seine neuen Klassenkameraden werden ihn auch cool finden, und das ist ehrlich gesagt das einzige, was zählt«, sagt Benni-Papa.

»Ach, unser Kind kommt in die Schule, und plötzlich ist es uns wichtig, was die anderen cool finden? Wollten wir ihn nicht immer darin bestärken, sich ein eigenes Urteil zu bilden und nicht einfach mit dem Strom zu schwimmen und …«

»Schatz!«, unterbricht mich mein Mann. »Es ist nur ein Schulranzen. Bitte entspann dich, und kauf ihm in Gottes Namen genau den, den er haben möchte. Hab ein bisschen Vertrauen in deinen Sohn. Und denk einfach daran, dass deine Mutter diesen Schulranzen noch viel entsetzlicher finden wird als du.«

Da hat er recht – ein tröstlicher Gedanke, das Gesicht meiner Mutter entgleiten zu sehen, wenn sie in Augenschein nimmt, was wir für ihr Geld gekauft haben. Ich gebe mich geschlagen. Ben bekommt den Star-Wars-Ranzen inklusive Trinkflasche, Mäppchen und Turnbeutel und Hannah den kleinen Glitzerrucksack. Ich kann mich nicht daran erinnern, wann ich meine Kinder das letzte Mal so glücklich gesehen habe.

»Wir haben auch Schultüten!«, ruft die Verkäuferin noch triumphierend zum Abschied.

»Nix da!«, grummle ich. Beim Schulranzen gebe ich mich geschlagen, aber die Schultüte lasse ich Ben nicht selber aussuchen. Den Ranzen wird er ohnehin in ein paar Jahren gegen ein anderes Modell eintauschen, aber die Schultüte wird ewig präsent bleiben, nämlich auf dem »Mein erster Schultag«-Foto, einer der großen Ikonen der Elternfotografie. Das Bild von Ben mit der Schultüte im Arm wird für immer bei seiner Großmutter an der Wand hängen, es wird Teil des unvermeidlichen Dia-Vortrags sein, wenn er mal heiratet, und ich werde nicht zulassen, dass ein von faulen Designerpraktikanten hingeschludertes Lichtschwertmassaker im Arm meines Sohnes auf ewig die Erinnerung an den Tag seiner Einschulung trüben wird!

»Du willst doch nicht etwa selber eine Schultüte basteln?«, fragt Benni-Papa besorgt.

»Ich? Basteln? Auf keinen Fall. Aber was ist mit dir? Willst du nicht? Bist doch einer von den neuen modernen Vätern, die alles können außer Stillen. Na? Was meinst du?«

»Das kannst du nicht wirklich wollen, dass ausgerechnet ICH unserem Sohn eine Schultüte zusammenklebe«, sagt Benni-Papa. »Basteln kann ich noch schlechter als du. Aber ein Vorschlag zur Güte: Du besorgst die Tüte, ich besorge den ganzen Kram, der da auf dieser irren Liste steht, also die Hefte und die Stifte und die Wasserfarben.«

»Deal!«, sage ich. Und ziehe am nächsten Tag noch einmal los, diesmal ohne die Kinder, auf der Suche nach einer Schultüte, die meinen ästhetischen und feministischen Standards entspricht. Doch auch hier, im Schreibwarenladen, im Kaufhaus, wo immer ich mich umsehe: klare Geschlechtertrennung in »Mord und Totschlag«-Motive für Jungs und pinkes Feen-Chichi für Mädchen. Hier und da ein paar halbwegs neutrale Motive, allerdings nichts, was wirklich schön aussieht oder gute Laune macht.

Ich wage mich in die hochpreisigen Spielzeugläden meines Stadtteils, dahin, wo völlig überteuertes Holzspielzeug im Retrodesign verkauft wird. Und tatsächlich, auch hier gibt es Schultüten. Mit selbstgenähtem Stoffbezug, der nach der Einschulung auch als Kissenbezug verwendet werden kann. Die Motive: Lämmchen, Wölkchen, Pünktchen – und das alles für den Preis einer Übernachtung in einem Vier-Sterne-Hotel.

Dann also Internet: Ich surfe durch das Angebot der Schultüten-Online-Händler (ja, so etwas gibt es!). Natürlich finde ich auch hier nur zwei Rubriken: »Für Jungen« und »Für Mädchen«. Klar, dass man sich dort nicht vorstellen kann, dass auch Mädchen auf Raumschiffe oder auf Autos stehen könnten. Oder Jungs sich für Pferde begeistern. Ich entdecke eine Schultüte mit einigermaßen erträglicher Fußball-Optik, wobei einer der Spieler so lange blonde Haare hat, dass man ihn von weitem für eine Spielerin halten könnte. Mein feministisches Über-Ich hebt den Daumen, ich will bestellen – doch das Motiv ist restlos ausverkauft und erst in zwei bis drei Wochen lieferbar. Zu spät für mich.

»Was für eine Marktlücke«, denke ich. Bezahlbare, geschlechterneutrale, hübsche Schultüten, mit ein paar bunten Buchstaben oder Zootieren oder lustigen Monstern drauf. Die muss es doch geben? Es kann doch nicht sein, dass dänische Top-Designer vom Schaukelpferd bis zur

Zahnspangendose alles rund ums Kind zu einer ästhetischen Augenweide gemacht haben, aber keiner von denen mal einen Abstecher in die Erstklässlerausstattungsindustrie unternommen hat?

»Dann bastelst du eben doch selbst, ist doch ganz einfach«, sagt meine Freundin Sabine, der ich am Telefon mein Leid klage. »Ich leih dir auch meine Heißklebepistole.«

»Ich will mein Kind nicht mit Selbstgebasteltem blamieren. Das ist doch wie mit den selbstgenähten Faschingskostümen: In Wahrheit sind die Kinder total froh, wenn man ihnen einfach eins im Kaufhaus kauft«, entgegne ich. »Außerdem hab ich den Schreibtisch voller Aufträge, ich muss arbeiten.«

»Du bist nur zu faul. Und in der Zeit, die du jetzt für dein vergebliches Schultüten-Shopping vergeudet hast, hättest du locker dein Wochenpensum an Aufträgen erledigen und nach Feierabend zehn wunderschöne Schultüten selber machen können«, sagt Sabine beleidigt.

Ich hatte ganz vergessen, dass sie selbstverständlich IMMER die Faschingskostüme ihrer Kinder eigenhändig genäht hat.

Und so kommt es, dass ich noch am Abend demütig vor einem Schultütenrohling aus Pappe sitze und versuche, Buchstaben aus Moosgummiplatten auszuschneiden, um sie dann mit der Heißklebepistole auf dem Papprohling zu befestigen, den ich vorher mit buntem Papier beklebt hatte.

Benni-Papa sitzt auf dem Sofa und bearbeitet seine Materialliste: »Schnellhefter in Rot, Gelb, Grün und Blau: Hab ich. DIN-A4-Heftumschläge in Rot, Gelb, Grün und

Blau: Hab ich. Schreibheft Liniatur 1: Hab ich. Schreibheft im Querformat: Hab ich. Rechenheft mit großen Kästchen und Rand: Hab ich. Tuschkasten, Wachsmaler, drei Bleistifte in unterschiedlichen Härtegraden: Hab ich. Borstenpinsel in Breite 6, 10 und 14: Hab ich. Lineal, Buntstifte, Radiergummi, Spitzer, Schreiblernfüller, Tintenpatronen in blau: Hab ich.«

»Streber!«, rufe ich hinter meinem Haufen aus Papp-, Papier- und Moosgummiresten heraus. »Musst mir gar nicht unter die Nase reiben, dass du schon alles erledigt hast.«

»Hab ich ja gar nicht«, sagt Benni-Papa. »Mir fehlen noch Hallenturnschuhe mit Klettverschluss, ein Malkittel, Zeichenblock, Scherenschnittpapier und ein MUTTI-Heft.«

»MUTTI-Heft? Was soll das denn sein? Ist das eine Abkürzung?«

»Ich denke mal. Aber für was? Multi-Test-Titel-Illustration?«

»Mit Uns Täglich Toll Informiert?«

»Mal Und Tusch Tiegel?«

»Frag doch einfach morgen im Schreibwarenladen, die werden schon wissen, was das sein soll«, schlage ich vor und stelle fest, dass man auch für den Umgang mit einer Heißklebepistole einen Waffenschein machen sollte und ich drei Moosgummibuchstaben spiegelverkehrt auf den Papprohling geklebt habe. Egal, Ben kann ja noch nicht lesen. Und irgendwie werde ich die versehentlich auf die Tischplatte geklebten Papierschnipsel schon wieder abbekommen.

»Schatz, du musst jetzt ganz, ganz stark sein«, sagt Benni-Papa am nächsten Tag, als er nach Hause kommt. Er war im Schreibwarenladen und weiß jetzt, was ein MUTTI-Heft ist.

»Das MUTTI-Heft ist ein Mutti-Heft. Das ist keine Abkürzung. Es ist ein kleines Büchlein, in das die Lehrerin oder der Lehrer Nachrichten an den für den schulischen Erfolg des Kindes maßgeblich zuständigen Erziehungsberechtigten schreibt. Also die Mutti. Die Mama. Sprich: dich. Man könnte das auch Hausaufgabenheft nennen, aber die Frau im Schreibwarenladen sagte, das habe sich hier in der Stadt eben so eingebürgert, dass man das Mutti-Heft nennt.«

Ich bin fassungslos. Gern würde ich meine Stirn in Richtung Tischplatte sinken lassen, um dieser Fassungslosigkeit auch körperlich Ausdruck zu verleihen, aber die klebt immer noch entsetzlich von der furchtbaren Bastelaktion am Vorabend. Also sitze ich nur da, starre meinen Mann ungläubig an und denke kurz wehmütig an die Zeit zurück, als ich für die Welt da draußen noch eine selbstbestimmte Frau mit einem Namen, einer Karriere und einer Meinung war und nicht einfach nur »die Mama von«. Und erst recht keine Mutti!

Mein Mann, den außer mir niemand Benni-Papa und ganz bestimmt nicht »Vati« nennt, sieht mich mitfühlend an. »Reg dich nicht auf, Schatz. Bens Einschulung ist einfach nicht die Zeit für feministische Grundsatzdebatten. Und denk dran: Es hätte schlimmer kommen können. Wäre man in dieser Stadt nur einigermaßen up to date, dann hieße das nicht Mutti-Heft, sondern MILF-Heft.«

»MILF?«, frage ich matt.

»Na, Mom I'd Like To Fuck. Kennste doch. Das sind die Frauen, die neben Kindern, Beruf und Haushalt auch noch mega sexy aussehen, weil sie – bevor sie morgens um halb sieben den Kleinen die Vollkornstulle schmieren – noch schnell eine Runde joggen gehen und immer nur die Tomatensauce, aber nie die Nudeln essen, wenn es Spaghetti Bolognese gibt, wegen der bösen Kohlenhydrate.«

Dann windet mir mein Mann die Heißklebepistole aus den klebrigen Fingern, gibt mir einen Kuss und sagt: »Ich hab uns einen Tisch bei Helga bestellt, da gibt es heute Schweinekrustenbraten. Und danach trinken wir einen Schnaps auf jede kleine Kleinigkeit, die dich an dieser ganzen Einschulungsnummer nervt.«

Es war dann noch ein sehr lustiger Abend. Glaube ich jedenfalls. Das einzige, woran ich mich wirklich erinnern kann, ist der Kater am nächsten Morgen.

Nehmt Abschied, Brüder, ungewiss ist alle Wiederkehr
Wie man die Einschulungsfeier in Würde meistert

Der große Tag der Einschulung beginnt mit Streit. Ben weigert sich, das von mir eigens besorgte Erster-Schultag-Outfit anzuziehen, was aus einer Jeans ohne Loch am Knie, einem simplen dunkelblauen Sweatshirt und einem Paar Lederhalbschuhen besteht. Er will die coolen Jeans mit Loch, seine ausgelatschten Fußballtreter und seinen Lieblingskapuzenpulli mit den ausgeleierten Bündchen tragen. Im Wohnzimmer sitzt meine Mutter und schmollt, denn sie hat Ben auch noch was zum Anziehen mitgebracht – in der Annahme, dass ich natürlich mal wieder nicht an die wirklich wichtigen Dinge gedacht habe. Allerdings war Ben noch viel weniger bereit, in einer Bundfaltenhose mit weißem Hemd und Fliege zu gehen – und das wiederum kann ich gut verstehen.

Während ich also noch mit Ben diskutiere und feilsche, in der Hoffnung, ihm wenigstens die lochfreie Hose schmackhaft zu machen, fällt mir plötzlich siedend heiß ein, dass ICH ja auch etwas anziehen muss. Und dass ich mir darüber noch gar keine Gedanken gemacht habe. Ist ja schließlich auch mein erster Auftritt vor einer ganzen Horde neuer Mütter, mit denen ich die nächsten Jahre wohl oder übel zu tun haben werde. Will ich die superlockere Jeans-und-Turnschuh-Spielplatz-Mama sein? Oder die Frau im Business-Outfit, die klarmacht, dass es in ihrem Leben noch andere Themen gibt als die Frage, welche Musikschule die beste musikalische Früherziehung anbietet?

»Sei ganz du selbst«, sagt mein Mann mit genervtem Unterton, denn er findet, dass es heute wirklich Wichtigeres gibt als meine Identitätsprobleme, und damit hat er dann ja auch wieder recht. Also wähle ich den Mittelweg (Jeans und hohe Schuhe) und bitte Benni-Papa darum, bei seinem Sohn ein väterliches Machtwort zu sprechen und dafür zu sorgen, dass er wenigstens heile Hosen anzieht.

Hannah hat inzwischen sämtliche Süßigkeiten aus ihrer kleinen Geschwister-Schultüte auf den Küchenboden gekippt, unter großer Anteilnahme unseres Familienhundes Pupsi alle Schokoladenbonbons aus ihrer Verpackung gewickelt und in den Mund gesteckt, so dass ihr jetzt ein bräunlicher Spuckefaden aus dem Mundwinkel auf ihr weißes Kleidchen tropft. Das weiße Kleidchen, das ihr die Oma mitgebracht und vor einer halben Stunde erst angezogen hat, damit wenigstens eines ihrer beiden Enkelkinder angemessen gekleidet ist. Tja, Zweijährige und die Farbe Weiß passen nun mal einfach nicht zusammen. Also ziehe ich Hannah wieder ihre Latzhose an und versuche, die Bittermine und das resignierte Kopfschütteln meiner Mutter zu ignorieren. »So, und jetzt gehen wir alle nach draußen und machen Fotos«, flöte ich.

Unten im Hof postiere ich Ben mit Schulranzen und Schultüte vor dem Kastanienbaum, meine Mutter meckert leise vor sich hin, dass das Kind »unmöglich« aussieht, sie den Schulranzen wohl doch besser selbst ausgesucht hätte und es ja wohl auch nicht zu viel verlangt gewesen wäre, Ben vor der Einschulung noch zum Friseur zu schicken.

»Hey, kann mal einer diese unglaubliche Schultüte loben, die ich gebastelt habe?«, zische ich, während ich versuche, ein unverwackeltes Foto von meinem hibbeligen, aufgeregten Sohn zu machen. Tatsächlich nagt es ein wenig an mir, dass Ben sich im Grunde ausschließlich für den Inhalt seiner Tüte interessiert hat und ihn die opulente Optik meines Meisterwerkes offenbar kaltlässt. Warum habe ich ihm nicht einfach einen schlichten Jutebeutel voller Süßkram überreicht? Für ihn hätte es kaum einen Unterschied gemacht, und ich hätte mir all die qualvollen Stunden an der Heißklebepistole erspart.

Noch schnell ein paar Gruppenfotos, und dann müssen wir aber wirklich los in Richtung Astrid-Lindgren-Grundschule. Ben findet die Schultüte eindeutig zu schwer, also trage ich sie. Hannah reitet auf den Schultern ihres Vaters und sabbert unaufhörlich Schokoladenspucke in sein Haar. Meine Mutter trabt schicksalsergeben hinter uns her. Gleich am Eingang der mit Luftballons und Girlanden geschmückten Aula nimmt uns die Schulsekretärin in Empfang und weist auf ein paar freie Plätze in den hinteren Reihen. »Und der junge Mann hier setzt sich bitte ganz nach vorn zu den anderen Kindern und wartet, bis sein Name aufgerufen wird.«

»Wie?«, frage ich entgeistert. »Er muss ganz allein da vorn sitzen? Ohne uns?«

»Ja, natürlich. Und das schafft er auch. Als Erstklässler kann man auch mal eine halbe Stunde ohne Mutti auf seinem Stühlchen sitzen. Stimmt's?«, sagt sie und schaut Ben aufmunternd an.

»Logo!«, sagt Ben ungerührt, marschiert, ohne sich noch einmal nach mir umzudrehen, in die erste Reihe und setzt sich neben einen anderen Jungen, der genau den gleichen Star-Wars-Schulranzen hat wie er.

In der nächsten halben Stunde hocke ich etwas bedröppelt auf meinem Stuhl und halte meine Schultüte fest im Arm. Hannah hat sich inzwischen ca. zwanzig Schoko-Bons auf den Schoß gekotzt und ist mit ihrem Vater aufs Schulklo verschwunden. Und meine Mutter hat direkt eine Verbündete gefunden, jedenfalls tuschelt sie mit ihrer Sitznachbarin, einer offenbar ebenso von der Profanität der Veranstaltung und der Unfähigkeit ihrer erwachsenen Kinder enttäuschten Großmutter.

Vorn auf einer Bühne steht der Direktor, die Hände in Merkelraute vor dem Bierbäuchlein, und hält eine Rede, in der er die Schule mit einem großen Kreuzfahrtschiff vergleicht. Die Schülerinnen und Schüler seien die Passagiere auf einer aufregenden Reise, die Lehrerinnen und Lehrer seien die Matrosen, die das Schiff auf Kurs halten, er selbst natürlich der Kapitän, haha. »Und Sie, die Eltern, sind die Möwen, die das Schiff, seine Passagiere und die Besatzung auf dieser Reise begleiten und umkreisen!«, sagt er, sichtlich angetan von seinem eigenen dämlichen Vergleich.

Ich schaue mich um und kann förmlich sehen, wie sich in den Köpfen aller anwesenden Mütter dasselbe Bild formiert: Wie wir, der Möwenschwarm, dieses Schiff unter großem Geschrei von oben bis unten vollscheißen werden!

Im Anschluss singt der Schulchor begleitet von der Blockflöten-AG noch zwei Lieder: Zuerst das Pippi-Langstrumpf-Lied, und ich beobachte, wie bei der Zeile »Zwei mal drei macht vier, widdewiddewitt, und drei macht neune …« einigen Eltern das Gesicht verrutscht. Könnte ja sein, dass dieses Lied eine Aussage über den Stellenwert von Mathematik im Lehrplan sein soll. Das zweite Lied ist die schöne Pfadfinderballade »Nehmt Abschied, Brüder, ungewiss ist alle Wiederkehr«. Und da schießen mir dann doch die Tränen in die Augen, aber natürlich nur, weil die Blockflöten so herzergreifend schief vor sich hin fiepen, nicht etwa wegen der Zeile »Die Zukunft liegt in Finsternis und macht das Herz uns schwer«.

»Reiß dich doch zusammen!«, zischt meine Mutter neben mir, doch ich bin ganz offensichtlich nicht allein. Überall um mich herum schnieft es, und ich sehe lauter Mütter, die die Schultüten ihrer Kinder nun noch etwas fester umklammern als vorher.

»Hab ich was verpasst?«, fragt mein Mann, der mit der frisch umgezogenen Hannah vom Klo kommt.

»Ja. Die unpassendste musikalische Untermalung einer Einschulungsfeier, die du dir vorstellen kannst«, schniefe ich.

Jetzt sind wir alle in der richtigen Verfassung, um zum Höhepunkt der Veranstaltung zu kommen: Die Erstklässler werden auf die Klassen aufgeteilt und einer Klassenlehrerin zugewiesen. Die Anspannung im Saal steigt sichtlich, als sich vorne auf der Bühne die vier Lehrerinnen aufstellen: Frau Honig (zu der alle wollen, weil sie so nett ist und diesen bezaubernden Nachnamen hat), Frau Kaufmann (die singende und theaterspielende zweite Wahl), Frau Nowak (nett, aber mit Migrationshintergrund, daher undenkbar für bildungsbewusste Eltern, die ihrem Kind eine Karriere im höheren Management nicht versauen wollen) und Frau

Horst (der sichere Weg in die Kinderpsychiatrie, wenn man der Gerüchteküche glauben darf). Kindernamen werden aufgerufen, es ertönt Applaus, hier und da ein kurzes Mütterjuchzen oder scharfes Luft-durch-die-Zähne-ziehen. Väter machen Smartphone-Fotos oder wischen hektisch auf ihren Bildschirmen rum, vermutlich auf der Suche nach der Nummer des Rechtsanwalts, der dem Sprössling doch noch den Platz bei der richtigen Klassenlehrerin sichern soll. Ich bemerke befriedigt, dass nur ein sehr geringer Prozentsatz der Kinder ordentlich angezogen ist – also »ordentlich« in der Definition meiner Mutter. Nur eine Handvoll Jungs trägt Hemd, einer sogar mit Fliege, auch bei den Mädchen gibt es nur zwei oder drei Tüllkleidchen, dafür gleich vier Mädchen mit Blumenkränzen im Haar.

Und dann fällt Bens Name. »Lieber Ben, herzlich willkommen bei uns an der Astrid-Lindgren-Schule«, sagt der Direktor weihevoll. »Deine Klassenlehrerin ist die Frau Horst, stell dich bitte zu den anderen Kindern.«

Ben marschiert mit festem Schritt auf die Bühne, den Schulranzen lässig über eine Schulter geworfen und gibt Frau Horst artig die Hand. Von meinem Platz ganz hinten in der Aula kann ich auf den ersten Blick nichts Besorgniserregendes an ihr erkennen. Sportlich sieht sie aus, mit kurzen blonden Haaren, nicht gerade wie eine große Kinderkuschlerin, aber eigentlich auch nicht unfreundlich. Ich mag, wie sie Ben die Hand gibt: Es ist ein richtiger Handschlag, so wie man jemanden in seinem Team begrüßt. Sie strubbelt ihm auch weder über den Kopf noch kneift sie ihn in die Wange oder drückt ihn an ihre Brust, so wie ihre Kolleginnen es mit ihren Schülern machen. Das ist schon mal ein Plus. Aber nicht für alle, wie ich bald erfahre.

Die Klassenlehrerinnen nehmen ihre neuen Schulkinder für eine Dreiviertelstunde mit in die neuen Klassenräume, wir Eltern werden gebeten, uns doch solange auf dem Schulhof am Kuchenbüfett gütlich zu halten und einander schon einmal kennenzulernen. »Sie haben sicher viele Fragen, aber bitte, bitte haben Sie noch ein paar Tage Geduld. In zwei Wochen ist für Sie alle der erste Elternabend, da können Sie all Ihre Fragen loswerden«, ruft der Direktor noch in das aufgeregte Stimmengewirr, das nach dem Auszug der Kinder folgt.

Wir schlendern also auf den Schulhof und schnell teilt sich der Elternpulk in fünf Grüppchen auf: vier Elterngrüppchen, nach Klassen sortiert, sowie ein klassenübergreifendes Großelterngrüppchen, zu dem sich auch meine Mutter gesellt. Benni-Papa und Hannah biegen gleich ab in Richtung Kuchenbüfett, denn Hannah hat im Vorbeigehen einen Schokokuchen mit Smarties gesichtet und quakt »DAAA! HABM!« in einer Dringlichkeit, die nur Zweijährige zustande bringen.

»Wirklich sehr schöne Schultüte«, spricht mich eine Mutter an, während ich etwas abseits in der Nähe des »Eltern, deren Kinder nun von Frau Horst gequält werden«-Pulks stehe. »Ich bin die Mama von Momo.«

»Hi, ich bin die Mama von Ben. Und: ebenso! Ihre Schultüte ist auch wirklich sehr schön«, erwidere ich artig.

»Ach, danke. Aus reinen Naturmaterialien. Mein Mann und ich waren extra im Stadtwald und haben Moos, Blätter, Beeren und Bucheckern gesammelt. Ich denke, ich habe die einzige voll kompostierbare Schultüte hier«, sagt sie stolz und errötet.

Jetzt schaue ich noch mal genau hin und tatsächlich:

Die Frau hält eine vollständig mit bunten Vogelbeeren, Moos und Blättern beklebte Schultüte im Arm. Unten an der Spitze kriecht sogar eine kleine Schnecke.

»Na ja, leider interessieren sich die Kinder ohnehin mehr für die Süßigkeiten als für die Tüte an sich«, sage ich und bereue es sofort, denn wer eine Schultüte eigenhändig mit Moos und Bucheckern beklebt, der packt auch sicher nur Apfelchips, Rosinen und Haselnüsse hinein und keinen bösen Industriezucker.

Momo-Mama lächelt ein wenig gequält und wendet sich dann einer anderen Mutter zu. Ich würde mal sagen: Mein erster Mütterkontakt war kein Erfolg. Also geselle mich doch zu den anderen und versuche, ein gewinnendes Lächeln aufzusetzen. Wir reichen einander die Hand, stellen uns vor, die Mütter gratulieren sich noch einmal gegenseitig zu den schönen Schultüten, die sie da im Arm tragen.

»Wo wir jetzt hier zusammen sind, könnten wir uns gleich eine Strategie überlegen, wie wir mit der Situation umgehen wollen«, sagt ein Vater, der sich mir nicht mit Namen vorgestellt hat, weil er die ganze Zeit auf seinem Telefon herumwischen musste.

»Wir werden auf jeden Fall unseren Anwalt einschalten«, sagt eine Mutter namens Helga, offenbar die dazugehörige Ehefrau. »Vielleicht möchte sich uns jemand anschließen? Gemeinsam können wir mehr Druck ausüben.«

»Was für Druck? Und worum geht es überhaupt?«, frage ich.

»Um die Horst«, sagt Helga. »Eine ganz schlimme Person, wir haben wirklich nur Furchtbares gehört. Haben Sie nicht die Trillerpfeife gesehen?«

»Trillerpfeife?«

»Ja, sie trägt eine kleine goldene Trillerpfeife um den Hals. Und sie BENUTZT sie auch. Können Sie das glauben? Ich jedenfalls werde meinen Gustav nicht einer Lehrkraft aussetzen, die derart vorsintflutliche pädagogische Methoden anwendet. Entweder, er geht zu Frau Honig in die Klasse, oder wir nehmen ihn von der Schule!«

»Sie soll ja außerdem sehr streng benoten«, sagt eine andere Mutter. »Das ist dann ein echter Wettbewerbsnachteil für unsere Kinder, wenn es um die Gymnasialempfehlung geht. Also, ich bin auch wirklich gar nicht glücklich, wir hatten so gehofft, dass wir einen Platz bei Frau Honig bekommen.«

»Noten in der Grundschule sollten ohnehin abgeschafft werden«, sagt ein Vater, der offenbar zu der Frau mit der kompostierbaren Schultüte gehört. »Wir hatten ja eigentlich auf einen Platz in der Waldorfschule gehofft für Momo, aber die haben eine unglaublich lange Warteliste. Man hatte uns gesagt, dass die Schule hier einen musisch-künstlerischen Schwerpunkt hat ...«

»HA!«, ruft eine Mutter namens Gabriele spitz. »Also die musikalische Darbietung heute lässt nicht gerade hoffen, dass hier die künftigen Philharmoniker ausgebildet werden. Und was Frau Horst betrifft, muss ich Ihnen widersprechen: Meine Luisa ist ein leistungsbereites Kind und freut sich schon seit zwei Jahren darauf, endlich etwas lernen zu dürfen und Noten zu bekommen. Mag sein, dass manche Kinder durchs Abitur gekuschelt werden müssen, meine Tochter jedenfalls möchte etwas erreichen. Und wenn es dazu eine Trillerpfeife braucht: Bitte sehr!«

»Ich hatte schon den Eindruck, dass Frau Horst etwas kühl gewirkt hat, da auf der Bühne. So … so … unmütterlich. Wir sollten unsere Gefühle auf jeden Fall ansprechen im Plenum übernächste Woche«, sagt Momo-Mama und knibbelt nervös eine Buchecker von ihrer Schultüte.

»Welches Plenum?«, frage ich.

»Na, der Elternabend«, sagt Momo-Papa. »Wir Waldis nennen es Plenum, war schon im Kindergarten so. Das Wort soll den demokratischen Charakter der Veranstaltung unterstreichen.«

»Also, ich werde auf jeden Fall erst mal zwei Wochen im Unterricht hospitieren, um mir ein Bild zu machen«, sagt Helga, die Mama von Gustav.

»Das geht?«, frage ich erstaunt. »Man darf sich da einfach mit in die Klasse setzen und zugucken?«

»Das ist mein Recht! Ich habe mich informiert, das kann mir die Horst nicht verbieten!«

»Zwei Wochen? Nee, da hätte ich echt was anderes zu tun«, sagt eine Mutter in auffallend kurzem Rock und mit Kippe hinterm Ohr, die sich als Jenny vorgestellt hat. »Ist doch auch peinlich für die Kinder, wenn da immer die Mama in der Klasse rumhängt.«

»Na, das lassen Sie mal meine Sorge sein. Apropos Kinder, wo bleiben die eigentlich?«

Gute Frage. Und wo steckt eigentlich mein Mann? Wenn Hannah immer noch Kuchen futtert, haben wir ihr den Magen endgültig verdorben. Ich schleiche mich davon in Richtung Kuchenbüfett. Da steht mein Mann, mit einer schokoverschmierten Hannah auf dem Arm und unterhält sich mit einem anderen Vater, doch kaum will ich mich dazugesellen und dem Mann die Hand geben, verabschiedet er sich, ohne mich auch nur eines Blickes zu würdigen, und verschwindet.

»Wer war das denn?«, frage ich.

»Das war Axel. Sein Sohn ist auch bei Frau Horst. Netter Typ, aber total merkwürdig. Wir haben kurz über Fußball gesprochen, und weißt du was? Der kennt alle, und ich meine: ALLE Ergebnisse ALLER Champions-League-Spiele der letzten zehn Jahre. Wenn es ›Wetten, dass …?‹ noch geben würde, käme der Typ ganz groß raus. Und du? Auch schon jemanden kennengelernt?«

»Ja, Helikopter-Helga und ihren Mann, zwei Waldis mit einem Kind namens Momo und einer kompostierbaren Schultüte, HochbeGabi, die Mutter einer offenbar sehr leistungsbereiten Luisa und dann noch eine ziemlich scharfe Jenny im Minirock, die dir sicher gefallen wird – du stehst doch heimlich auf ein bisschen prollig.«

»Puh, warum gleich so gereizt?«, fragt mich mein Mann.

»Warum nimmst du dir nicht ein Beispiel an deiner Mutter und organisierst was zu trinken?«

O Mann, meine Mutter, die hatte ich unterdessen total vergessen. Aber Tatsache, da an der Tischtennisplatte, umringt von anderen rüstigen Silberzwiebeln, steht sie fröhlich schnatternd und prostet einer anderen Dame zu. Wo hat die Großelternrunde denn plötzlich die ganzen Piccolos her?

»Vom Direktor«, kichert meine Mutter, die ich kurz aus dem schon ordentlich angeschickerten Pulk herausziehe. »Ein sehr netter Mann! Er hat gesagt, er besorgt uns was Schönes zu trinken, wenn wir ihn im Gegenzug ein bisschen gegen euch Eltern abschirmen. Siehst du? Da hinten duckt er sich und schäkert mit Frau Krakowski. Der arme

Mann wird ja sonst derart belagert von aufgeregten Müttern und nervösen Vätern. Schau dich an, Schätzchen, du siehst ganz blass aus, du solltest auch mal was trinken.«

Ja, das sollte ich vielleicht. Aber erst mal lasse ich meine Mutter weiter mit ihren neuen Freunden schwatzen und denke darüber nach, ob ich den Direktor der Astrid-Lindgren-Schule dafür hassen soll, dass er sich den Fragen, Sorgen und Nöten der aufgeregten Ersti-Muttis und Ersti-Papis entzieht. Oder ob ich nicht sogar ein kleines bisschen Verständnis habe. Oder sogar sehr, sehr dankbar dafür bin, dass sich jemand so vorbildlich um meine vorhin doch noch so schlechtgelaunte Mutter kümmert.

Doch bevor ich mich entscheiden kann, geht plötzlich die Tür auf, und die Kinder strömen auf den Schulhof. Ich suche Ben in der Menge, und als ich ihn dann sehe, kommt es mir vor, als wäre er in der letzten Stunde durch ein Zeit-Wurmloch gerauscht: als Kita-Kind rein und als Schulkind raus. Er sieht plötzlich so … groß aus, wie er da mit seinem Ranzen über der Schulter über den Schulhof schlendert, einen anderen Jungen grüßt wie ein Busfahrer einen entgegenkommenden Kollegen, dem Jungen neben ihm schließlich kumpelhaft auf die Schulter klopft und ganz entspannt in unsere Richtung latscht, so als wäre das alles hier für ihn schon reine Routine.

»Und? Erzähl, Schatz! Wie war's? WIE WAR'S?«, japsen Benni-Papa und ich aufgeregt, als wir unseren Sohn in Empfang nehmen.

Der grinst und zuckt mit den Schultern: »Gut.« Dann nimmt er seine kleine Schwester an die Hand und lässt sich von ihr zeigen, wo sie den Schokoladenkuchen herhat.

Beim frühen Vogel piept's wohl!

Gedanken einer verschlafenen Pausenbrotschmiermaschine

Es ist sechs Uhr dreißig, genau die richtige Uhrzeit, um eine dringende Warnung an alle frischgebackenen Mütter da draußen zu richten: Vielleicht geht es euch jetzt gerade, wie es mir damals mit meinem Sohn Ben ging: Ihr habt Babys, die katastrophal schlecht schlafen. Und mit schlecht meine ich: Niemals mehr als zwei Stunden am Stück. Und wenn ihr ehrlich seid, behauptet ihr nur, es wären zwei Stunden am Stück, in Wahrheit sind es maximal einenhalb Stunden, und zwar ab dem Zeitpunkt, an dem ihr selbst ins Bett geht. Vielleicht sitzt ihr dann die halbe Nacht mit wunden Brustwarzen im Bett, denn euer Kind wird gern im Sitzen gestillt, und fragt euch, ob ihr wohl jemals wieder schlafen werdet. Ihr habt nämlich seit Monaten nicht mehr geschlafen und eure totale Zombifizierung schreitet unaufhörlich voran. Ihr sitzt im Bett, während neben euch eure Kindsväter liegen und schlafen oder sich – wie in meinem Fall – schlafend stellen, weil sie Angst vor der Furie haben, zu der ihr nachts mutiert, wenn sie euch zaghaft ihre »Hilfe« anbieten. Helfen, sehr witzig! Wie denn? Brüste wachsen lassen geht ja wohl kaum.

In den einenhalb Stunden, in denen euer Baby nach dem Stillen dann schläft, könnt ihr selbst nicht schlafen, denn ihr wisst, dass es sich eigentlich nicht lohnt, die Augen zuzumachen, denn kaum ist man richtig schön tief nach unten gesackt in eine herrliche Tiefschlafphase, wacht das Baby wieder auf und will gestillt werden.

Also liegt ihr wach und schmiedet Mordpläne gegen Eure PEKiP-Freundinnen, deren Kinder von Geburt an durchschlafen. Gegen eure Mütter und Schwiegermütter, die euch mit »Du musst ihn auch mal brüllen lassen«-Ratschlägen in den Wahnsinn treiben. Ihr fühlt euch schuldig und mies, weil ihr dann doch heimlich dieses »Jedes Kind kann schlafen lernen«-Buch bestellt habt, das eure Hebamme für eine Satanistenbibel hält. Ihr habt es ausprobiert, und es hat nicht funktioniert, und ihr fühlt euch noch mehr wie Versagerinnen. Wie müde, müde, müde Versagerinnen. Das Einzige, was euch tröstet, ist das Mantra »Es ist nur eine Phase, es geht vorbei!«, das euch erfahrene und wohlmeinende Mütter immer und immer wieder eintrichtern.

Und tatsächlich, es geht vorbei, irgendwann schläft euer Wonneproppen einigermaßen durch, ihr verdrängt all die schlaflosen Nächte und bekommt noch ein Baby. Diesmal wollt ihr alles richtig machen – so wie ich. Das Kind nicht an der Brust einschlafen lassen, feste Rituale einführen, das Baby nicht bei jedem kleinen Muckser sofort auf den Arm nehmen. Nutzt alles nichts. Euer zweites Baby schläft genauso schlecht wie das erste. Das einzige, was euch einigermaßen bei der Stange hält ist die Gewissheit, dass es irgendwann wirklich vorbeigeht. Dass ihr nicht für immer nächtelang durchstillt, um dann in aller Herrgottsfrühe aufzustehen, um Bauklotztürmchen zu bauen. Was beim ersten Kind geklappt hat, wird auch beim zweiten Kind irgendwann klappen.

Und dann kommt der Tag, an dem ihr es wirklich geschafft habt. Eure Kinder liegen beide um acht Uhr abends im Bett, ihr werdet sogar rechtzeitig vorm Beginn des Tatorts vor der Glotze sitzen. Danach könntet ihr ungestörten Sex haben, denn eure Kinder schlafen im eigenen Bett im Kinderzimmer und werden auch nicht mehr bei jedem Dielenknarzen wach. Ihr schlaft köstliche sechs bis acht Stunden am Stück durch, bis euch morgens gegen kurz vor acht das Trippeln von vier kleinen Füßchen weckt und zwei ausgeschlafene Kinder in euer Bett krabbeln, um noch ein bisschen zu kuscheln. Dann steht ihr ganz gemütlich auf, kocht einen Kaffee und startet entspannt in den Tag.

Genießt diese Zeit, liebe frischgebackenen Baby-Mütter, denn wenn es euch so ergeht wie mir, dann hält dieser wunderbare Zustand etwa ein halbes Jahr lang an. Genau lang genug, um sich daran zu gewöhnen.

Und dann kommt euer ältestes Kind in die Schule.

Ihr werdet zum ersten Mal seit langer Zeit einen Wecker stellen müssen, der euch pünktlich um 6.25 Uhr aus dem Tiefschlaf reißt. Ihr werdet panische Angst entwickeln, zu verschlafen und am Abend vor dem Einschlafen mindestens dreimal kontrollieren, ob ihr besagten Wecker auch wirklich gestellt habt. Ihr werdet noch vor euren Kindern und sogar vor eurem Hund aufstehen, was sich völlig verrückt anfühlt, und in der Küche Pausenbrote schmieren. So wie ich.

Seit gut einer Woche bin ich nun Schulkindmutter und Pausenbrotschmiermaschine. Bevor ich Ben um sieben wecke, habe ich schon diverse Brotboxen mit Stullen, Obst und Gemüseschnitzen bestückt. Ben hat innerhalb von wenigen Tagen sehr genaue Vorstellungen davon entwickelt, wie sein optimales Pausenbrot auszusehen hat, auch wenn er maximal zwei Bissen davon auch tatsächlich konsumiert: Eine ganz bestimmte Salami auf sehr dünn geschnittenem Graubrot mit wenig Margarine, um Himmels willen kein Salatblatt oder gar eine Gurke dazwischen. Zu den zwei Salamistullen packe ich noch zwei geschälte und geschnippelte Bio-Möhren, flüstere ihnen »Bis später!« zu, denn ich weiß jetzt schon, dass ich sie nachmittags unangetastet wieder aus der Brotbox sammeln werde. Doch die Hoffnung stirbt zuletzt. Eine weitere Box fülle ich mit Apfelschnitzen und Weintrauben und lege noch ein kleines Päckchen Gummibärchen dazu.

»Mama, ALLE haben Süßigkeiten dabei!«, hatte Ben mir vorwurfsvoll berichtet, als ich mich in den allerersten Tagen noch standhaft geweigert hatte, ihm welche einzupacken. Noch in der Kita war das Mitbringen von Süßigkeiten unter Strafe verboten.

»Bitte, Mama. Ich brauch das zum Tauschen!«

»Wieso tauschen? Was musst du tauschen?«

»Ich tausch das mit Johnny gegen Zigaretten.«

»ZIGARETTEN???«

»Aus Schokolade, Mama. Johnny hat jeden Tag eine ganze Packung mit. Und ich krieg nur eine ab, wenn ich gegen was tauschen kann. Johnny mag am liebsten Cola-Fläschchen. Kannst du mal Cola-Fläschchen einkaufen? Bitte, Mama.«

Schokozigaretten – wer hätte gedacht, dass es die überhaupt noch gibt? Ich hätte vermutet, derart jugendverführender Schweinkram wäre längst verboten, aber offenbar hat Johnny, der Klassen-Mafioso, eine geheime Importquelle aufgetan und verdealt das Zeug nun auf dem Schulhof. Ich sollte empört sein, aber ich erinnere mich auch, wie unglaublich cool und verwegen ich als Kind Schokozigaretten fand. Außerdem sind meine Standhaftigkeit und meine Prinzipientreue morgens um kurz nach sieben noch sehr angreifbar, das weiß mein Erstgeborener natürlich. Und so landet seit ein paar Tagen auch immer eine kleine Tauschsüßigkeit in Bens Obst- und Gemüsebox – das Einzige, was ich unter Garantie am Nachmittag nicht wiedersehe.

Es ist mir ein bisschen peinlich, aber tatsächlich stöbere ich im Internet herum, auf der Suche nach dem ultimativen Trick, einem Schulkind den Inhalt seiner Brotboxen schmackhaft zu machen. Hätte ich mal besser gelassen. Denn es gibt gute Mütter, die ihren Kindern jeden Morgen kleine Kunstwerke in ihre Dosen basteln: Szenen aus Grimms Märchen aus perfekt in Form geschnitzten Obst- und Gemüsesticks, Landschaften aus Schinkenröllchen, mit Keksausstechern in Herzform gebrachte Mini-Sandwiches. Ein Vater hat es zur Internetsensation gebracht, indem er entzückende Monster auf die in Butterbrotpapier gewickelten Brote seiner Tochter gemalt hat. Offensichtlich alles Menschen, die gern früh aufstehen und noch vor Sonnenaufgang ihre für Kreativität zuständigen Hirnareale aktivieren können. Das einzig Tröstliche: Ich bin nicht allein in meiner Not. Auf YouTube gibt es ein Tutorial, in dem eine Mutter zeigt, wie man eine ovale Scheibe Graubrot so mit Käsestreifen belegt, dass möglichst wenig übersteht bei gleichzeitig geschlossener Käsedecke – 800 000 Menschen haben sich dieses Scheibletten-Tetris schon angesehen und euphorisch kommentiert. Ob man wohl heute Besuch vom Jugendamt bekäme, wenn man seinem Kind einfach einen Euro in die Jackentasche steckt, damit es sich in der Pause beim Bäcker nebenan ein Mohrenkopfbrötchen kaufen kann?

Aber mit der Brotbox allein ist es ja ohnehin nicht getan, das völlig verschlafene und noch sehr einsilbige Schulkind muss natürlich auch was Gesundes frühstücken.

»Schatz, sag mal, was möchtest du frühstücken?«

»Mmpf.«

»Komm Ben, du musst was frühstücken, worauf hast du Lust?«

»Nix.«

»Aber mit leerem Magen kannst du nichts lernen. Also: Cornflakes? Müsli? Toastbrot? Joghurt?«

»Nee.«

»Ich kann dir ein bisschen Obst aufschneiden.«

»Buäh!«

»Dann trink wenigstens deine Milch, Schatz.«

»Mag nicht.«

»Und wenn ich dir Kakao reinmache?«

»Hmpf.«

So langsam verstehe ich, warum mir meine Mutter morgens immer ohne langes Hin und Her eine große Schüssel Cini Minis oder Schokopops vor die Nase gestellt hat: Der Anspruch, das Kind um kurz nach sieben mit wertvollen Vitaminen und Ballaststoffen zu versorgen, auf dass es pünktlich um acht Uhr auf der Höhe seiner geistigen Leistungsfähigkeit in der Schule sitzen möge, wandelt sich schnell in die Einsicht, dass ein Magen voll Zucker vielleicht immer noch besser ist als ein leerer Magen. Also besorge ich am Ende der ersten Schulwoche eine Tüte Honigpops und beruhige mein schlechtes Gewissen damit, dass ich sie im Bio-Markt gekauft habe: Wenn mein

Kind deswegen fettleibig werden und Diabetes entwickeln sollte, dann doch wenigstens ohne Gentechnik und garantiert »fair trade«!

Um Viertel nach sieben sind also die Schulbrote geschmiert, und das Kind hat eine Schüssel Honigpops in sich hineingeschlürft, jetzt kommt die Königsdisziplin: Innerhalb von zehn Minuten den Schlafanzug aus- und die Klamotten anziehen, danach noch Zähne putzen, um pünktlich um 7.30 Uhr gemeinsam das Haus in Richtung Schule zu verlassen.

Wäre »Zeitlupen-Anziehen« eine olympische Disziplin, Ben stünde garantiert unter Dopingverdacht. Denn obwohl er dank des Zuckerschubs aus seiner Portion Honigpops nun nicht mehr ganz so verpennt und einsilbig ist, kann er sich spektakulär langsam aus seinem Schlafanzug schälen und in seine Klamotten kriechen. Unter meinen Anfeuerungsrufen (»Zieh dich an Schatz. Doch, komm bitte, zieh dich jetzt an. So, den Schlafanzug aus. Zieh ihn aus, bitte. Doch, neue Unterwäsche! Darum! Beeil dich ein bisschen, ja? Keine Zeit für Legos jetzt, zieh dich bitte an. Da liegen sie doch, die Socken. Und jetzt den Pulli. Doch, es ist noch zu kalt, zieh ihn bitte an. Doch. Darum. Weil ich es sage. Ben, das dauert zu lang. Zieh! Dich! Jetzt! An!«) gelingt Ben schließlich das Unmögliche, trotzdem sind wir viel zu spät dran. Ich schlüpfe schnell in eine Jeans und verstecke meine ungewaschenen und ungekämmten Haare unter einem Kapuzenpulli, während Ben kurz an seiner Zahnbürste lutscht. Ranzen auf den Rücken – und los geht's.

Gemeinsam hetzen wir den Schulweg entlang, den Ben ab nächster Woche allein zurücklegen soll. Vor der Schultür noch ein schnelles Küsschen, allerdings nur, wenn keiner seiner Klassenkameraden in der Nähe ist. Dann laufe ich zurück nach Hause, wo mein Mann und Hannah wahrscheinlich gerade ganz gemütlich aufwachen und noch ein bisschen im Bett miteinander kuscheln.

Ich bin ein bisschen stolz auf mich, als ich da durch die frische Morgenluft marschiere. Es ist noch vor acht Uhr, und ich habe schon eine kleine logistische Meisterleistung vollbracht: einen Sechsjährigen bekleidet, mit vollem Magen, einer gesunden Brotzeit und mit geputzten Zähnen rechtzeitig in die Schule zu verfrachten. Wäre ich jetzt eine von diesen Superfrauen, würde ich direkt noch eine Runde durch den Park joggen gehen – aber hey, wir wollen es mal nicht übertreiben.

Beim Bäcker kaufe ich schnell ein paar Brötchen und einen Milchkaffee zum Mitnehmen, und als ich aus der Tür trete, kommt mir mein früheres Ich entgegen: Eine junge Mutter mit Augenringen, die bis zum Kinn reichen, Milchkotzflecken auf dem T-Shirt und einer Frisur, die darauf schließen lässt, dass sie schon lange keine Zeit mehr hatte, zum Friseur zu gehen, geschweige denn, in Ruhe zu duschen. Mit leeren, müden Augen schiebt sie ihr schlafendes Baby vor sich im Kinderwagen, denn vermutlich war das Kind die ganze Nacht lang mit Trinken oder Zahnen oder Verdauen beschäftigt und ist nun dementsprechend müde. Ich drücke ihr meinen Kaffeebecher in die Hand, schaue ihr in die müden Augen und sage: »Es geht vorbei. Wirklich. Du kannst es dir jetzt nicht vorstellen, aber irgendwann wirst du wieder schlafen. Es ist nur eine Phase!«

Was ich nicht sage: Das Ende jeder Phase ist der Beginn einer neuen. Und das mit dem Schlafen … ach, vergiss es einfach!

»Gut.«

Dialog mit meinem neuerdings wortkargen Sohn

»Hallo, mein Schatz! Komm rein. Nimm mal den Schulranzen ab, zieh die Schuhe aus und setz dich mal hier zu Mama an den Küchentisch. Komm, ich mach dir einen Kakao, und wir quatschen ein bisschen. Bin ja schon so gespannt. Also, erzähl: Wie war's heute in der Schule?«

»Gut.«

»Erzähl mal, was hast du denn gelernt?«

»Nix.«

»Na komm, irgendwas werdet ihr ja gelernt haben. Sag doch mal, hattet ihr Mathe? Oder Deutsch? Gab es neue Arbeitsblätter? Habt ihr was gemalt?«

»Ja.«

»Toll, du malst doch so gern. Finde ich prima, dass ihr nicht die ganze Zeit nur lesen und rechnen müsst, sondern auch mal was Kreatives macht. Was habt ihr denn gemalt?«

»Nix Besonderes.«

»Nichts Besonderes? Das glaube ich nicht, ich finde alle deine Bilder toll. Und besonders. Wirklich. Musstest du denn heute dein Gedicht aufsagen?«

»Ja.«

»Ja, toll, das ist doch klasse. Und wie war das für dich?«

»Gut.«

»Warst du aufgeregt? Also, ich war ja immer total aufgeregt, wenn ich früher was vor der Klasse sagen musste. Ich hatte richtig Angst. Aber du hast keine Angst, oder, Schatz? Erzähl mal, warst du nervös? Hast du ein bisschen Lampenfieber gehabt?«

»Nö.«

»Und was hat Frau Horst dazu gesagt, zu deinem Vortrag?«

»Nix.«

»Nichts? Das kann ich mir nicht vorstellen. Die muss doch was gesagt haben, ob alles richtig war. Also, ich wette, du hast das ganz toll gemacht, das denkt Frau Horst sicher auch, da bin ich ganz sicher. Jetzt sag doch mal, was hat sie denn zu dir gesagt, als du das Gedicht aufgesagt hast?«

»Nix.«

»Und die anderen? Haben die was gesagt? Mussten die auch das Gedicht aufsagen?«

»Nö.«

»Echt? Du warst der Einzige? Das ist ja ungewöhnlich. Wieso musstest nur du das Gedicht aufsagen? Waren die anderen alle schon dran?«

»Ja.«

»Und du bist als Allerletzter drangekommen? Wieso das denn?«

»Weiß nicht.«

»Na, das ist ja schon merkwürdig, dass du als Letzter drankommst, und dann sagt die Frau Horst nicht mal was dazu. Meldest du dich denn auch immer?«

»Klar.«

»Und trotzdem kommst du nicht dran, oder was?«

»Doch.«

»Okay, lassen wir das. Wie war denn das Mittagessen heute?«

»Gut.«

»Und was gab's? Hast du diesmal wieder nur die Beilagen gegessen oder auch was von dem Fleisch? Ich kann ja verstehen, dass das Essen nicht so schmeckt wie zu Hause, aber es ist schon wichtig, dass du was Richtiges im Magen hast und nicht immer nur Nudeln ohne Soße oder Kartoffeln ohne alles isst. Verstehst du?«

»Ja.«

»Und neben wem sitzt du dann beim Essen?«

»Theo«

»Ah, Theo. Und, ist der nett? Ist das dein Freund? Wollen wir den mal nachmittags einladen?«

»Nö.«

»Also ist der Theo nicht dein Freund? Ärgert der dich?«

»Manchmal.«

»Und was sagst du dann?«

»Nix.«

»Aber du musst schon was sagen, Ben. Wenn der dich ärgert. Dann musst du dich wehren. Dann sagst du dem Theo: Lass das, du …«

»… Arschloch!«

»Nein, Schatz, Arschloch sagt man nicht, das weißt du ganz genau. Sag ihm einfach, er soll aufhören, dich zu ärgern, das reicht. Was sagt denn die Frau Horst, wenn Theo dich ärgert?«

»Nix.«

»Wie, nichts? Da muss die doch was sagen, das kann die ja nicht einfach so geschehen lassen. Redet ihr im

Unterricht manchmal über Mobbing? Weißt du, was das ist?«

»Ja.«

»Und hast du das Gefühl, dass die anderen dich vielleicht mobben?«

»Nö.«

»Ja, und der Theo? Was ist mit dem? Ist der bei euch in der Klasse der Chef, oder was? Darf der sich alles erlauben?«

»Nö.«

»Ah, okay, und ärgert der nur dich oder auch andere Kinder? Oder tut ihr euch zusammen? Es ist immer gut, wenn man sich gemeinsam gegen etwas wehrt, weißt du? Wenn man Verbündete hat. Also, erzähl mal, helfen dir die anderen Kinder, wenn Theo dich ärgert?«

»Ja-ha.«

»Jetzt sei doch nicht so genervt, ich mach mir halt Sorgen. Hör mal, du weißt, dass du immer zu mir kommen kannst, wenn dich etwas bedrückt. Ja, Ben? Jetzt roll nicht mit den Augen, ich meine das ernst. Ich kann ja auch mal mit Theos Mama sprechen.«

»Nee!«

»Warum denn nicht? Ich will nicht, dass du vielleicht nicht gern zur Schule gehst oder Angst hast vor der Mittagspause, weil irgend so ein kleines Arschloch dich ärgert. Das kann ich der Mutter vom Theo ruhig mal sagen. Oder ist dir das peinlich?«

»Ja.«

»Okay, dann eben nicht. Aber du musst mir versprechen, dass du dich nicht ärgern lässt. Halte dich doch an Max, den kennst du noch vom Kinderschwimmkurs, der ist doch nett, oder?«

»Pfff.«

»Na komm, früher mochtest du den. Und da sind doch bestimmt noch ein paar andere nette Kinder in der Klasse. Was macht ihr denn immer so in der Pause?«

»Spielen.«

»Und was genau? Erzähl doch mal. Spielt ihr Verstecken? Oder Fangen?«

»Nee.«

»Also, ich habe ja früher immer Gummitwist gespielt. Spielt man das heute noch? Gummitwist? Oder ist das total out? Was spielt ihr denn genau, wenn ihr nicht Fangen und nicht Verstecken spielt? Fußball? Oder Völkerball?«

»Quetschen.«

»Aha. Klingt ja interessant, hab ich noch nie gehört. Wie genau funktioniert das? Legt ihr euch alle auf einen Haufen und wer ganz unten liegt wird zerquetscht oder was?«

»Ja.«

»Aha, das klingt aber nicht lustig, das tut doch weh. Erlauben das die Lehrer? Gibt es da keine Pausenaufsicht, die so was unterbindet? Ich meine, macht das wirklich Spaß? Wie findest du das denn?«

»Gut.«

»Und wer muss unten liegen?«

»Theo.«

Elternabend

Ein schöner Autist, eine misslungene Wahl und jede Menge Fragen

Die ersten zwei Wochen Schule sind überstanden, und der erste Elternabend steht an. Ich hätte nie gedacht, dass ich das einmal sagen würde, aber: Ich kann es kaum erwarten! Ich freue mich regelrecht auf diesen Abend, denn Ben ist nicht gerade mitteilsam, wenn es um Informationen aus der Schule geht, und ich erhoffe mir ein paar Einsichten darüber, was er da eigentlich den ganzen Tag so macht. Benni-Papa ist mehr als glücklich darüber, zu Hause bei Ben, Hannah und Pupsi bleiben zu dürfen und überlässt mir gern das Feld.

»Aber versprich mir, dass du dich auf gar keinen Fall zur Elternsprecherin wählen lässt, ja?«, ruft er mir noch durchs Treppenhaus hinterher.

»Keine Sorge!«, rufe ich zurück. »Bin ja nicht irre!«

In der Astrid-Lindgren-Grundschule suche ich den Klassenraum der 1b, der schon gut gefüllt ist mit schnatternden, aufgekratzten Eltern. Auf jedem Tisch stehen kleine Pappschilder mit Kindernamen darauf, die dazugehörigen Mütter und vereinzelt auch Väter sitzen auf den kleinen Stühlchen dahinter. Hinten am Fenster entdecke ich Bens Namensschild, allerdings sitzt da schon jemand auf meinem Platz: Momo-Papa, der Waldi. Bens Tischnachbarin (oder Nachbar? Ich weiß ja noch nicht einmal, ob Momo ein Mädchen oder ein Junge ist, mein Sohn erzählt mir ja nichts!) hat offenbar sehr engagierte Eltern, die zu zweit auf dem Elternabend auftauchen und deshalb natürlich auch zwei Stühlchen brauchen.

»Nein, bitte, bleib sitzen«, sage ich zu Momo-Papa, der sofort pflichtschuldig versucht, die Beine unter dem niedrigen Tischchen hervorzuziehen und aufzustehen. »Ich steh gern!«

Ich lehne also hinter Bens Platz an der Fensterbank und habe so einen ganz guten Überblick. Vorne steht Frau Horst und schreibt mit geschwungener Lehrerinnenschreibschrift die Tagesordnung an die Tafel:

1. »Kiss and go«-Zone
2. Wahl des Elternsprechers
3. Inklusion
4. Referendar
5. Sonstiges

»Unfassbar, dass die hier noch keine Whiteboards haben. Ich meine, in welchem Jahrhundert sind wir denn, dass hier noch mit Kreide auf Tafeln geschrieben wird …«, tuschelt es neben mir, und als ich den Kopf drehe, erkenne ich Gabriele, alias HochbeGabi, die Mutter der angeblich so ehrgeizigen Luisa im Gespräch mit einer anderen Mutter.

»Und was heißt ›Inklusion‹? Ist das so was wie Integration? Doch bitte nicht so ein ungeimpftes Flüchtlingskind!«

»Lieber ein Flüchtling als ein behindertes Kind.«

»Vielleicht ein behindertes Flüchtlingskind, na schönen Dank auch!«

Ein schriller Pfiff ertönt, das Elterngemurmel erstirbt und alle Köpfe starren ungläubig nach vorne: Tatsächlich, Frau Horst hat die kleine goldene Trillerpfeife zwischen den Lippen. Nun, da sie die volle Aufmerksamkeit ihrer Zuhörer hat, lässt sie sie wieder um ihren Hals baumeln, lächelt breit und heißt uns alle ganz, ganz herzlich willkommen zu diesem Elternabend.

»Zunächst möchte ich Ihnen allen ein großes Kompliment aussprechen: Sie haben wirklich sehr nette und wohlerzogene Kinder. Es ist eine Freude, sie zu unterrichten. Ich habe auch mit Genugtuung festgestellt, dass bislang niemand versucht hat, sein Kind aus meiner Klasse oder gar aus der Schule zu nehmen, wie noch vor kurzem angedroht. Das verbuche ich mal als Erfolg und als Zeichen Ihres Vertrauens.«

»Die soll sich mal nicht zu früh freuen«, zischt es neben mir.

Apropos Vertrauen. Dies sei schon das passende Stichwort für Tagesordnungspunkt Nummer eins: Die »Kiss and go«-Zone. Frau Horst dreht sich wieder zur Tafel und zeichnet einen groben Grundriss des Schulgebäudes auf. Dann schraffiert sie einen Bereich in der Eingangshalle der Schule.

»Das hier ist die ›Kiss and go‹-Zone. Bis hierhin können Sie Ihre Kinder begleiten, hier können Sie sich von Ihren Kindern verabschieden. Und dann möchte ich Sie bitten, das Schulgebäude auch wieder zu verlassen. Die Kinder sind ja jetzt gut eingewöhnt und finden den Weg zum Klassenzimmer ganz allein.«

»Da hätte ich gleich mal eine Frage«, ruft Heli-Helga, die Mama von Gustav, und schnippst mit den Fingern. »Wie kommen Sie auf die Idee, dass die Kinder schon ›gut eingewöhnt‹ sind? Was, wenn mein Kind die emotionale Unterstützung durch seine Mutter einfach noch braucht?«

»Sehe ich ganz genauso«, sagt eine andere Mutter. »Ich denke, gerade das Ankommen morgens ist für die Kinder emotionaler Stress. Außerdem möchte ich teilhaben an Lenas Alltag. Ich möchte ja auch mal sehen, was hier so erarbeitet wird, neben wem sie sitzt, wie die ganze Atmosphäre hier im Klassenzimmer ist. Und das kann ich ja nun nicht, wenn Sie die Schule zur Elternsperrzone erklären.«

»Apropos Sperrzone: Es wäre ja wohl sinnvoll, wenn vor der Schule mehr Parkmöglichkeiten für Eltern geschaffen würden«, meldet sich ein Vater zu Wort. »Immer, wenn ich Theo morgens bringe, muss ich in zweiter Reihe stehen.«

»Ja, sehen Sie, das ist Absicht«, sagt Frau Horst und lächelt milde. »Sie sollen Ihren Sohn gar nicht mit dem Auto bringen, wir als Schule würden es begrüßen, wenn Ihr Kind den Schulweg zu Fuß bewältigt, sofern Sie nicht zu weit weg wohnen. Das tut den Kindern gut. Viele verabreden sich auch und laufen gemeinsam.«

»Also, was meinem Kind guttut, kann ich ja wohl gerade noch allein entscheiden«, sagt Theo-Papa.

»Und wie wird denn überhaupt überprüft, ob alle Kinder auch in der Schule ankommen?«, fragt Heli-Helga. »Wenn ich Gustav allein gehen lasse, und es passiert ihm etwas unterwegs, wie werde ich dann informiert?«

»Genau deshalb ist es ja so gut, wenn die Kinder gemeinsam zur Schule gehen. Sie wohnen doch zum Teil ganz nah beieinander, die Kinder können sich morgens gegenseitig von zu Hause abholen«, sagt Frau Horst.

»Ich sehe aber nicht ein, dass meine Luisa morgens extra

einen Umweg macht oder auf irgendwelche Langschläfer warten muss und dann womöglich zu spät kommt«, sagt HochbeGabi.

»Hören Sie, das kann ja jeder so machen wie er möchte«, sagt Frau Horst ungeduldig und fummelt an ihrer goldenen Trillerpfeife. »Mir ist nur wichtig, dass Sie hier nicht alle jeden Morgen ewig vor der Klassenzimmertür rumlungern. Ich will pünktlich mit dem Unterricht anfangen, Sie können gern in meine Sprechstunde kommen.«

»Und was ist mit hospitieren?«, fragt Heli-Helga zunehmend fordernd. »Laut Gesetz haben wir Eltern das Recht, in Ihrem Unterricht zu hospitieren.«

»Oh, das würde mich ja auch mal interessieren.«

»Ich habe noch eine Woche Resturlaub, das könnte passen.«

»Da würden wir uns gern mit ein paar kreativen Projekten einbringen«, sagt Momo-Mama neben mir.

»Boah ey, ihr seid ja alle krass drauf. Habt ihr nichts Besseres zu tun, oder was?«, fragt Proll-Jenny, heute nicht im Mini, sondern im Biker-Leder-Outfit und mit lässig auf dem Tisch abgelegten Stiefeln. Wundert mich gar nicht, dass ihr Sohn laut Namensschild der Schokozigaretten-Dealer Johnny ist.

»Was Besseres zu tun?«, fragt Heli-Helga empört. »Was Besseres zu tun, als für mein Kind da zu sein?«

Jetzt quatschen wieder alle durcheinander, bis von vorn erneut ein schriller Pfiff ertönt. Stille. Alle starren ungläubig zu Frau Horst, die freundlich lächelt, die Trillerpfeife noch zwischen den Fingern.

»Herrschaften, Sie dürfen natürlich im Unterricht hospitieren. Aber nicht alle auf einmal, nicht tagelang und vor allem nicht jetzt sofort. Nach den Weihnachtsferien gern. So, und jetzt kommen wir zum zweiten Tagesordnungspunkt: Der Wahl eines Elternsprechers. Wer möchte?«

Heli-Helga schnipst mit den Fingern, alle anderen starren peinlich berührt vor sich hin.

»Noch weitere Kandidaten?«, fragt Frau Horst mit flehendlichem Unterton. »Nein? Wirklich nicht?«

Nein, wirklich nicht. Heli-Helga wird per Akklamation zur Elternsprecherin gekürt und nimmt die Wahl huldvoll an.

»Wir brauchen aber auch noch einen Stellvertreter oder eine Stellvertreterin«, sagt Frau Horst.

»Ist das wirklich nötig?«, will ich gerade fragen, aber ich komme nicht dazu, denn Frau Horst sieht nur mein kurzes Aufzucken, fixiert mich sofort mit dem Blick einer Kobra, und bevor ich irgendetwas sagen kann, zeigt sie schon auf mich und ruft: »Da hinten, die Mama von Ben, wunderbar!«

»Äh, nein, ich wollte nur ...«, stammle ich und verfluche die Tatsache, dass ich Momo-Papa freiwillig Bens Stühlchen abgetreten habe und stehend kaum eine Möglichkeit finde, mich zu verstecken. Jetzt schauen alle dankbar und hoffnungsvoll auf mich. Ich sitze in der Falle.

»Na, kommen Sie, einer muss es ja machen und es ist wirklich halb so schlimm«, sagt Frau Horst. »Also, bitte alle die Hand heben, wer ist dafür? Alle. Wer ist dagegen? Keiner. Wer enthält sich?«

Ich hebe die Hand.

»Na, wunderbar, dann haben wir das also auch geklärt«, sagt Frau Horst. Schnell weiter zum nächsten Tagesordnungspunkt, was diesmal ganz ohne Trillerpfeife funktioniert.

»Wir haben ein Inklusionskind in der Klasse, was mich persönlich sehr freut«, sagt Frau Horst. »Vielleicht möchte der Vater von Bastian selbst was dazu sagen?«

Vorne in der ersten Reihe steht ein Vater auf, der so dermaßen gut aussieht, dass ich förmlich spüre, wie allen anwesenden Müttern heiße Wonneschauer über den Rücken wandern – mich eingeschlossen. Ein Doppelgänger des jungen Keanu Reeves. Und das bei uns, in der Astrid-Lindgren-Schule! Jetzt fällt mir ein, dass ich den schönen Mann schon auf der Einschulungsfeier gesehen habe: Er stand mit meinem Göttergatten am Kuchenbüffet und hat sich sofort verkrümelt, als ich kam. Schade eigentlich!

»Ich hab da was vorbereitet, das lese ich jetzt vor«, sagt er, den Blick starr auf das Blatt in seiner Hand geheftet. Süß, schüchtern ist er auch noch!

»Mein Name ist Axel, ich habe das Asperger-Syndrom. Mein Sohn Bastian hat ebenfalls das Asperger-Syndrom. Er kann die Gefühle seiner Mitmenschen nicht lesen, Unruhe macht ihn nervös. Er mag Flugzeuge. Manchmal bellt er. Das ist alles. Vielen Dank für Ihre Aufmerksamkeit.«

Dann setzt er sich wieder.

»Na toll«, raunt HochbeGabi, die sich offenbar schnell wieder erholt hat von Asperger-Axels betörendem Anblick.

»Ja, und wie gedenken Sie, diese Situation zu handhaben?«, fragt der Vater von Theo in Richtung von Frau Horst. »Ich meine, unsere Kinder werden hier einfach dieser Situation ausgesetzt und müssen jetzt mit einem geistig Behinderten zusammen lernen. Das hätte ich schon gern vorher gewusst.«

»Ist das ansteckend?«, fragt Proll-Jenny.

»Und was heißt: ›Manchmal bellt er‹? Momo hat nämlich wirklich schreckliche Angst vor Hunden«, fragt Momo-Mama.

»Ja, das wüsste ich auch gern. Wie wird sichergestellt, dass das Leistungsniveau nicht abflacht? Und wäre es nicht auch für den Jungen selbst besser, unter Seinesgleichen zu lernen? Ich meine, wegen der Erfolgserlebnisse«, sagt HochbeGabi.

Frau Horst befummelt ihre Trillerpfeife, lächelt freundlich und sagt: »Der Junge lernt hier unter Seinesgleichen – zusammen mit anderen Kindern. Bislang macht er das ganz ausgezeichnet. Und er bellt wirklich selten.«

»Asperger – sind das die, die immer ›Scheiße‹ und ›Ficken‹ brüllen?«, fragt Proll-Jenny und kippelt gefährlich mit ihrem Stühlchen.

»Das ist das Tourette-Syndrom«, sagt der schöne Axel, ohne sich in Richtung Proll-Jenny umzudrehen. »Asperger ist eine milde Variante innerhalb des Autismusspektrums, 0,25 Prozent der Bevölkerung sind davon betroffen. Männer doppelt bis dreimal so häufig wie Frauen. Benannt wurde sie nach dem österreichischen Kinderarzt Hans Asperger, der …«

»Ja, ist ja gut, Mister Wikipedia, jetzt weiß ich wieder«, fällt ihm Proll-Jenny ins Wort. »Das sind diese Robotermenschen. Wie Dustin Hoffman in dem einen Film mit Tom Cruise. Oder hier der Dings, der Sheldon aus Big Bang Theorie. Die voll gut in Mathe sind, aber keine Gefühle haben.«

»Jeder Mensch hat Gefühle«, sagen die Waldis im Chor. Und dann er: »Ich finde es ganz wichtig, dass hier offen über Gefühle gesprochen werden kann. Und auch über Ängste. Also ich für meinen Teil finde es ganz toll, wenn mein Kind zusammen mit Behinderten lernt, ich glaube, dass das eine ganz wichtige Erfahrung ist. Aber ich wüsste doch auch gern, was es mit dem Bellen auf sich hat. Ist das lautes, agressives Bellen? Oder mehr so ein Kläffen? Und warum genau bellt Bastian?«

Frau Horst lehnt am Lehrerpult und sieht ein wenig erschöpft aus.

»Bastian hat bisher nur einmal kurz gebellt. Er ist ein ganz ruhiger, zurückhaltender Junge, der hier in der Klasse erst mal nicht weiter auffällt. Das Bellen ist ein Tick, es dient dem Spannungsabbau. Viele Kinder haben Ticks, manche kauen Nägel, andere räuspern sich ständig oder zerpfriemeln ihre Radiergummis. Daran ist nichts Schlimmes. Außerdem hat Bastian einen Schulhelfer, der zweimal die Woche im Unterricht dabei ist und ihn unterstützt.«

»Aha, und warum kommt der nicht jeden Tag? An den übrigen drei Tagen in der Woche müssen also Sie sich um den Jungen kümmern? Und wer kümmert sich dann um unsere Kinder?« fragt Heli-Helga.

»Diese Frage nutze ich mal als trillerpfeifenlose Überleitung zum nächsten Tagesordnungspunkt: Wir haben einen jungen Referendar«, sagt Frau Horst. Den sie uns heute gern vorgestellt hätte, leider sei der junge Mann nun schon seit zwei Wochen krank.

Egal, ein Strahlen huscht über die Gesichter der anwesenden Eltern. »Wie toll, ein Mann!«, juchzt HochbeGabi. Und schon ist das Thema Asperger-Bastian erst mal vom Tisch, denn Männer sind ja immer noch so was wie die Albino-Pottwale der Grundschulpädagogik: So gut wie nicht existent und deshalb eine echte Sensation! Die wenigen, die es gibt, werden dermaßen hofiert, dass sie in null Komma nichts zu Direktoren aufsteigen, quasi als Kompensation dafür, dass sie sich überhaupt dazu herablassen, kleine Kinder zu unterrichten. Und jetzt soll ausgerechnet uns dieses Glück zuteilwerden: Ein leibhaftiges männliches Rollenvorbild für unsere Jungs, auf dass sie zu echten Männern reifen mögen. Halleluja!

»Schön, dass Sie sich so freuen«, sagt Frau Horst mit leicht gequältem Unterton. »Na, Sie werden Herrn Soltau ja dann beim nächsten Mal hoffentlich kennenlernen. Wenn er so lange durchhält.«

Es folgt der Tagesordnungspunkt Sonstiges. Ob es denn noch Fragen gäbe, fragt Frau Horst und klappt schon mal ihren Notizblock zu, offenbar in der Hoffnung, dass alle Eltern genauso dringend nach Hause wollen wie sie.

Falsch gedacht. Alle Eltern quatschen aufgeregt durcheinander:

»Finden Sie es nicht reichlich antiquiert, dass die Kinder morgens aufstehen müssen, wenn Sie zur Tür hereinkommen?«

»Was soll das mit dieser Anlauttabelle?«

»Schreiben lernen nach Gehör – ist das Ihr Ernst?«

»Warum bekommen die Kinder keine Hausaufgaben?«

»Wann gibt es Noten?«

»Warum gibt es überhaupt Noten?«

»Werden die Kinder angehalten, regelmäßig ausreichend Wasser zu trinken?«

»Woher weiß mein Sohn, was Schokoladenzigaretten sind?«

»Es sollte allgemein verboten werden, Süßigkeiten in die Schule mitzubringen.«

»Wie regelmäßig lüften Sie das Klassenzimmer?«

»Warum gibt es beim Mittagessen nicht mehr Fisch?

»… Rohkost?«

»… vegane Gerichte?«

»… größere Portionen?«

»… Abwechslung?«

»Ab wann beginnt der Englischunterricht?«

»… der Musikunterricht?«

»… der Religionsunterricht?«

»… der Schwimmunterricht?«

»Was ist mit Bundesjugendspielen?«

»Wie minimieren Sie das Verletzungsrisiko beim Sportunterricht?«

»Wie binden Sie neue Medien in den Unterricht mit ein?«

»Warum steht in diesem Klassenzimmer kein internetfähiger Computer?«

»Welchen Stellenwert haben religiöse Feiertage bei Ihnen?«

»Bisher stand ja noch gar nichts im Mutti-Heft, was hat das zu bedeuten?«

Frau Horst führt die kleine goldene Trillerpfeife zum Mund und alle verstummen, noch bevor sie auch nur einen Pfiff abgeben muss.

»Wirklich, das mit der Trillerpfeife, das geht gar nicht!«, empört sich Theo-Papa.

»Aber es funktioniert«, sagt Frau Horst mit triumphierendem Lächeln. Und dann beendet sie den Elternabend mit dem Hinweis, dass sie mit so vielen Fragen nicht gerechnet habe und daher vorschlage, in einem Monat noch einmal einen Elternabend abzuhalten. »Bis dahin haben sich viele dieser Fragen sicher schon von selbst beantwortet. Und wenn nicht, haben wir dann ausgiebig Zeit, alles zu besprechen. Sie können sich mit Ihren Sorgen erst mal an die beiden Elternsprecher wenden, die bündeln das dann zu Themenblöcken.«

Ich hasse mein Leben!

Die beiden Waldis schauen mich hoffnungsvoll von unten an: »Du, vielleicht können wir uns ja bald mal treffen und über ein paar Ideen sprechen, die wir so haben. Wegen Klassenraumgestaltung und so. Ich glaube, da kann man echt noch viel Schönes auf die Beine stellen. Und Momo und Ben könnten sich dann ja auch gleich besser kennenlernen.«

»Mmmja, sorry, ich muss ganz schnell nach Hause«, sage ich.

Dort wartet mein Mann auf mich, dem ich nur EINE Sache versprechen musste: nicht Elternsprecherin zu werden. Einfach im richtigen Moment die Klappe zu halten. Und ich habe es geschafft, auf diesem ganzen Elternabend nur ein einziges Mal etwas zu sagen – und das im falschen Moment. Echt tolle Bilanz.

»Na komm, ist doch gar nicht so schlimm«, tröstet mich Benni-Papa, während er sich die Lachtränen aus den Augen wischt. »Bist ja nur Stellvertreterin.«

Lach du nur, denke ich. Aber glaub nicht, dass ich auch nur einen einzigen Kuchen für irgendein Kuchenbüfett backen, irgendeinen Handwerkereinsatz übernehmen oder freiwillig irgendwelche Wandertage begleiten werde. Das darfst nämlich alles jetzt du machen, lieber Gatte.

Läuft bei mir!

Ein Sportfest mit Hindernissen
(und das ist wörtlich zu nehmen)

Endlich steht mal was in diesem ominösen Mutti-Heft, das Ben in seinem Schulranzen mit sich herumträgt und das als Kommunikationsmedium zwischen Lehrern und »Muttis« gedacht ist: nämlich ein Termin. In zwei Wochen feiert die Astrid-Lindgren-Grundschule ihr jährliches Sportfest. Und zwar extra am Wochenende, so dass alle Eltern teilhaben können, also niemand eine Ausrede hat, nicht zu kommen.

Keine Ahnung, wann ich das letzte Mal auf einem Sportfest war, ich erinnere mich dunkel und mit Grausen an demütigende Bundesjugendspiele und an ein paar eher bierselige Samstagnachmittage auf dem Fußballplatz meines Heimatdorfes, wo die Trimm-Dich-Bewegung, der meine Eltern angehörten, ihr Jahresfest abhielt. Was uns bei diesem Sportfest wohl erwartet? Sollen wir einfach nur zugucken, wie unsere Kinder wieder und wieder beim Weitsprung übertreten? Oder etwa (o bitte, bitte nicht!) selber mitmachen?

Eine E-Mail von unserer Elternsprecherin Heli-Helga bringt Klarheit:

Liebe Eltern,

das Sportfest ist für jeden von uns eine wunderbare Gelegenheit, sich selbst aktiv in das Schulgeschehen einzubringen. Die Kinder werden einen sogenannten Spendenlauf absolvieren. Das heißt, pro Sportplatzrunde der Kinder spenden die Eltern je 5 Euro. Je mehr Runden eure Kinder laufen, umso teurer wird es für euch ☺. Das Geld wird für die dringend nötige Sanierung der Schultoiletten verwendet. Außerdem gibt es einen Hindernisparcours, auf dem Väter aller ersten Klassen gegeneinander antreten. Wer übernimmt die ehrenvolle Aufgabe für unsere 1b?

Die Muttis sind gebeten, unser Kuchenbüfett wieder reichhaltig zu bestücken. Bitte denkt auch an ein paar vegane, gluten- und laktosefreie Kuchen für unsere kleinen Allergiker ☺. Und achtet auf ausreichend Getränke und auch ein paar Trainingsjacken für unsere Liebsten, damit sie sich nicht verkühlen. Die Gesundheit geht vor!

Liebe Grüße,

Helga

Ich spüre, wie mir der Würgereiz in die Kehle steigt. Die »Muttis« backen also Kuchen, und die tollen Väter messen sich im sportlichen Wettkampf. Ja, wo sind wir denn? Im Mittelalter? Da gibt man sich solche Mühe, Kinder und Job unter einen Hut zu bringen, alte Rollenklischees abzustreifen und seinen Kindern vorzuleben, dass es egal ist, ob man ein Junge oder ein Mädchen ist – und dann fällt einem ausgerechnet die Schule in den Rücken.

Drei Tage grummle ich vor mich hin und warte, ob sich irgendein Vater freiwillig meldet, dann schlage ich zu: Ich werde an diesem Hürdenlauf antreten! Weil ich es – gerade vor den Kindern – unmöglich finde, dass hier nur die Väter angesprochen werden. Und weil mein Mann ohnehin der viel bessere Kuchenbäcker ist.

»Du lernst es einfach nicht, oder?«, fragt Benni-Papa resigniert, als ich ihm meinen Entschluss eröffne. »Ben ist erst seit ein paar Wochen eingeschult, und du siehst überall die Errungenschaften des Feminismus in Gefahr. Wenn du so weitermachst, bis Ben und Hannah Abitur haben, sehe ich deine geistige Gesundheit ernsthaft in Gefahr. Du musst lernen, einfach mal die Klappe zu halten.«

»Nichts da«, sage ich. »Ich lass mich nicht zur Kuchenmutti degradieren. Ich tue es für meinen Sohn. Der soll mit eigenen Augen sehen, dass auch Frauen in der Lage sind, einen Hindernislauf mit Würde zu meistern. Vielleicht gewinne ich ja sogar!«

Dann ist der große Tag endlich da. Benni-Papa hat brav einen Schokokuchen mit Smarties zusammengerührt und sich sogar freiwillig als Linienrichter zur Verfügung gestellt. Ich schärfe Ben noch einmal ein, beim Spendenlauf nach spätestens vier Runden aufzuhören, wenn er in diesem Jahr noch Weihnachtsgeschenke haben will. Und stelle mich innerlich schon mal auf einen erbitterten Kampf um die Goldmedaille beim Elternhindernislauf ein.

Als wir den Sportplatz der Astrid-Lindgren-Grundschule betreten, wird schnell klar: Bei diesem Sportfest liegt die Betonung auf »Fest« und nicht so sehr auf »Sport«. Es wird keine Medaillen oder Urkunden geben wie damals bei den Bundesjugendspielen.

»Den Kindern soll der Spaß an der Bewegung nicht durch überzogenes Leistungsdenken genommen werden«, erklärt mir Momo-Mama, als ich ungläubig auf die Eierlauf-, Sackhüpfen- und Springseilstationen schaue.

»Ach, und was ist mit dem Spendenlauf? Wenn es Geld dafür gibt, ist Leistungsdenken in Ordnung, oder was? Na toll, lernen die Kinder doch gleich, dass es sich nur lohnt, sich anzustrengen, wenn man dafür etwas bekommt«, maule ich.

Benni-Papa hat sich Hannah geschnappt und ist mit ihr zur Sackhüpf-Station marschiert, wo er auf der Ziellinie mit einer Schüssel voller Bonbons bereitstehen soll, um sie nach vollendetem Rennen an alle Teilnehmer zu verteilen.

Ben hat seine neuen Kumpels gefunden und stellt sich beim Eierlauf an. Da gibt es nämlich zur Belohnung kleine Gummi-Cola-Fläschchen, und ich vermute mal, dass er da gleich ein paar sammeln will, um sie beim Klassendealer Johnny gegen Schokozigaretten zu tauschen.

Da stürmt schon Heli-Helga auf mich zu, mit einer Tüte in der Hand. »Hallo, meine Liebe! Ich wollte noch schnell sagen: Phantastisch! Wirklich phantastisch, dass du uns beim Hindernislauf vertrittst. Als einzige Frau! Wirklich grandios! Hier ist dein Kostüm, später nach dem Spendenlauf geht es los. So, tschüssi, ich muss schnell nach Gustav schauen, der hat heute noch nicht genügend Wasser getrunken!«

Dann drückt sie mir die Tüte in die Hand und watschelt davon. Kostüm? Noch bevor ich einen Blick in die Tüte werfen kann, spricht mich eine andere Mutter an. »Echt, du hast dich freiwillig für den Hindernislauf gemeldet? Du bist ja krass. In unserer Klasse mussten das die Väter untereinander auslosen, weil keiner freiwillig mitmachen wollte. Und in den anderen Klassen auch. Und du machst das einfach so? Na, Respekt!«

Mir wird mulmig. Ich öffne die ominöse Tüte und fische eine rote Pippi-Langstrumpf-Perücke mit abstehenden Zöpfen, ein paar löchrige, grüne Strumpfhosen, einen langen gelben Kittel und ein Paar Schwimmflossen heraus und möchte sofort meinen Kopf gegen irgendeine Wand schlagen. Ich bin eine solche Idiotin! Ich habe mich freiwillig und ohne Not dazu hergegeben, kostümiert gegen irgendwelche Fuzzis in einem Hindernislauf anzutreten, dessen einziger Sinn und Zweck darin besteht, sich vor den Kindern, den Lehrern und allen anwesenden Erwachsenen zum Deppen zu machen. Gut, geschieht mir recht, aber ich sorge mich um Ben. Seine Schwester Hannah ist ja noch klein, die Schmach wird wohl vergessen sein, bis sie in die Schule kommt. Aber Bens sozialer Status wird durch meinen Auftritt mit Sicherheit großen Schaden nehmen. Wenn mein Kind in den nächsten Wochen die Pausen eingeschlossen auf dem ekligen Schulklo verbringt, dann ist das ganz allein meine Schuld.

Unterdessen stellen sich die Schüler zum Spendenlauf auf. Der Direktor steht an der Startlinie und erklärt durch ein Megaphon brüllend noch einmal die Regeln. Pro Sportplatzrunde, die das Kind läuft, sind die Eltern angehalten, 5 Euro in die Spendenbox zu stecken. Für das Geld gebe es dann in einigen Monaten auch garantiert auf allen Schultoiletten ausreichend Klopapier und neue Türen in den Kabinen, ganz ohne Löcher. Na bravo.

Der Startschuss fällt, die Schüler traben los, Benni-Papa und Hannah gesellen sich zu mir.

»Was ist denn mit dir los? Guckst so sauertöpfisch. Und was ist in der Tüte da?«, fragt mein Mann.

»Ach nichts. Vergiss es. Erzähl mir lieber, wer der Typ mit dem Pferdeschwanz war, mit dem du da beim Sackhüpfen zusammenstandst, und der den Kindern die ganzen Bonbons aus deiner Schüssel geklaut hat.«

»Das? Du wirst es nicht glauben, das ist der Referendar, der bei Ben in der Klasse ist. Raphael Soltau. 'Ne totale Pfeife, wenn du mich fragst.«

»Pfeife? Na das passt doch zur Horst«, sage ich.

»Nee, im Ernst, gegen den ist die Horst eine pädagogische Lichtgestalt, Trillerpfeife hin oder her«, raunt mein Mann. »Ich habe ihn gefragt, warum er Grundschullehrer werden will. Wegen der vielen Ferien und den vielen Frauen, hat er gesagt.«

»Nicht dein Ernst!«

Inzwischen sind die ersten Schüler eine Sportplatzrunde gelaufen. Die meisten laufen weiter, nur Proll-Jenny, heute im engen Nicki-Trainingsanzug, klatscht ihren Sohn ab, den berühmten Zigarettendealer-Johnny, und wühlt in einem Strass besetzten Hello-Kitty-Portemonnaie nach ein paar Münzen.

»Doch, mein voller Ernst«, sagt mein Mann. »Und das Beste ist: Er hat sich dann bei mir ausgeheult, wie anstrengend der Job sei. Das einem das ja keiner glauben würde, aber allein das frühe Aufstehen. Und dann würde man ja auch noch ständig krank, weil die Kinder alle möglichen Keime mitbrächten und einen auch noch ständig anhusten.«

»Tja, Augen auf bei der Berufswahl. Aber warum erzählt er das ausgerechnet dir?«

»Keine Ahnung, er hat mich dann gefragt, wer ich denn sei, und ich hab ihm gesagt, dass ich der Vater von Ben aus der 1b bin. Da hat er sich ziemlich schnell verkrümelt. Wahrscheinlich hat er mich mit dem Hausmeister verwechselt oder so …«

Nach Sportplatzrunde zwei und drei steigen die meisten der älteren Schüler aus dem Spendenlauf aus. Nicht, weil sie nicht mehr können, sondern weil ihre Eltern ihnen offenbar vorab präzise Anweisungen gegeben haben. Ben und noch ein paar andere laufen brav – und wie verabredet – vier volle Runden, und ich überreiche Ben einen Zwanzigeuroschein, den er in die Spendenbox wirft. Nach Runde sechs sind tatsächlich nur noch zwei Läufer übrig, ein Mädchen und ein Junge. Das Mädchen scheint Luisa zu sein, die ehrgeizige Tochter von HochbeGabi. Und der Junge?

»Das ist Basti, der Spasti«, sagt Ben, als ich ihn frage.

»Wer bitte?«

»Na Basti, aus meiner Klasse.«

»Aha, und warum sagst du Spasti zu ihm?«

»Keine Ahnung, alle sagen das. Das ist der Behinderte.«

»Gut, aber ich will nicht, dass du so was sagst. Das ist gemein. Und Basti ist kein Spasti. Basti hat das Asperger-Syndrom.«

»Das reimt sich aber nicht«, sagt Ben und verzieht sich in Richtung Kinderschminkstation, wo sich Johnny gerade eine Spiderman-Maske aufmalen lässt.

Basti und Luisa rennen inzwischen ihre achte Sportplatzrunde, nur der schöne Asperger-Axel und HochbeGabi stehen noch am Zieleinlauf.

»Zieh, Luisa, zieh!«, ruft HochbeGabi und klatscht begeistert in die Hände, als Luisa mit verzerrten Gesichtszügen Basti überholt. Der schaut nicht mal zur Seite und läuft weiter.

»Das wird aber teuer«, sage ich zu Axel, froh über die Gelegenheit, mit dem schönen Vater ins Gespräch zu kommen.

»Bei zwölf Komma fünf Bahnen wird er aufhören, dann sind es genau 5000 Schritte. Macht zweiundsechzig Euro fünfzig«, sagt Axel, ohne mich anzusehen.

»Aha. Das heißt, Basti zählt die ganze Zeit seine Schritte mit?«

»Natürlich«, sagt Axel. »Das ist das Wichtigste.«

»Er will also gar nicht gegen Luisa gewinnen?«

»Nein.«

Brillant, denke ich und schaue vergnügt zu HochbeGabi, die ihre Tochter anfeuert, die noch nicht einmal weiß, dass sie gar kein Wettrennen läuft, weil ihr vermeintlicher Konkurrent gar kein Interesse am Gewinnen hat. Und das Schönste ist, dass HochbeGabi für ihren Ergeiz tief in die Tasche wird greifen müssen. Vielleicht sollte man von dem Geld der armen Luisa eine eigene Toilettenkabine spendieren.

Tatsächlich bleibt Basti nach genau zwölfeinhalb Runden abrupt stehen, sammelt sich kurz und trabt dann quer über den Sportplatz zu seinem Vater, während Luisa fix und fertig noch Runde dreizehn zu Ende läuft, um japsend und einer Ohnmacht nahe ihrer stolzen Mutter in die Arme zu sinken. Die hat jedoch gar keine Zeit, sich um ihre Tochter zu kümmern, sondern quakt schon ganz aufgeregt in ihr Telefon: »Ja, Liebling! Unsere Luisa! Erster Platz! Dreizehn Runden, was sagst du dazu? Die anderen

78

kleinen Verlierer haben schon fast alle nach drei Runden aufgegeben, aber nicht Luisa. Oh, nein, die hat sich durchgebissen. Na, ich hab es ja gleich gesagt. Okay, Bussi, wir sehen uns später.« Und dann an ihre Tochter gewandt: »Jetzt stell dich mal wieder hin, Luisa, bitte, reiß dich zusammen, ja? Wie sieht denn das aus, wenn du mir hier zusammenklappst!«

Ach, wie gern würde ich dieser ergreifenden Szene noch länger beiwohnen, aber da tippt mir jemand auf die Schulter – und als ich mich umdrehe steht dort Frau Horst persönlich, legt mir die Hand auf die Schulter, wie ein Vater, der seinem Erstgeborenen noch etwas Wichtiges mitzuteilen hat, bevor der in den Krieg zieht, schaut mir tief in die Augen und sagt: »Es ist so weit. Der Eltern-Hindernislauf. Sie müssen sich umziehen gehen. Und irgendwann verraten Sie mir bitte, wie Sie auf die Idee gekommen sind, sich FREIWILLIG zur Verfügung zu stellen.«

Ja, ja, ich hab ja verstanden. Der Elternhindernislauf ist so was wie die »Hunger Games« dieser Schule, allein zur Befriedigung der allgemeinen Sensationslust ersonnen beziehungsweise als Bestrafung für die ansonsten ja eher untätigen Väter. Eigentlich müssten mich die Väter der 1b als Katniss Everdeen der Astrid-Lindgren-Grundschule abfeiern, schließlich opfere ich mich für sie, und das auch noch freiwillig.

Seufzend ziehe ich mich in eine der muffigen Umkleidekabinen am Rand des Sportplatzes zurück und streife mein Kostüm über: die grüne Strumpfhose, den gelben Kittel, die Perücke mit den beiden mit Draht in einen 90-Grad-Winkel gebrachten Zöpfen und die Schwimmflossen, die wohl in Ermangelung ausreichend großer Pippi-Langstrumpf-Schuhe Teil des Kostüms geworden sind.

Ich watschle nach draußen, wo Frau Horst zusammen mit der Schulsekretärin und dem jungen Referendar auf der Laufbahn verschiedene Kästen, Barrieren und Balken aufbaut. Die drei anderen Pippis stehen auch schon bereit, schießen noch ein paar Selfies und haben insgesamt erstaunlich gute Laune. Benni-Papa steht mit Hannah auf dem Arm am Rand und hebt den Daumen, während Hannah verständnislos in meine Richtung sieht. Aber wo ist Ben? Hat er sich schon auf dem Schulklo eingeschlossen? Versucht er gerade verzweifelt, seine Peergroup abzulenken, damit bloß keiner seine Mutter in diesem Aufzug sieht?

Frau Horst höchstpersönlich hält die Startpistole in der Hand und weist uns an, auf unsere Bahnen zu gehen und nicht zu schummeln. Alle Hindernisse müssen überwunden werden, wer irgendwo herunterfällt oder eines der Hindernisse umwirft, muss zurück und das Hindernis noch mal bezwingen. Dem Sieger winken Ruhm und Ehre und ein von den Schülern eigens gebastelter Pappmaché-Pokal. Auf die Plätze – fertig – peng!

Ich watschle also los, auf das erste Hindernis zu: einen etwa drei Meter langen und zwanzig Zentimeter hohen Balken, auf dem ich wohl entlangbalancieren soll. Die Menge johlt und feuert uns an, der Vater in der Bahn rechts neben mir ist nach den ersten drei Schritten schon über seine Schwimmflossen gestolpert und lang hingeschlagen. Ich erreiche den Balken, balanciere zwei Schritte, falle runter, watschle zum Anfang des Balkens und steige wieder auf. Buhrufe sind zu hören – ein Vater ist ebenfalls vom Balken gestürzt und danach einfach weitergewatschelt, doch Frau Horst schickt ihn unter Zuhilfenahme ihrer Trillerpfeife wieder zurück. Ich bewältige den Schwebebalken und watschle weiter zu einem Kasten, den es zu überklettern gilt. Zwei Pippis habe ich schon hinter mir gelassen, aber links auf der Außenbahn hat ein Vater den Kasten schon vor mir erklommen. Ich lege einen Schritt zu, merke aber, dass mir die grüne Strumpfhose gefährlich über den Hintern zu rutschen droht, fasse also im Laufen unter meinen gelben Kittel, um sie hochzuziehen, stolpere und schlage kurz vor dem Kasten mit der Stirn auf die Tartanbahn.

»Aufstehen, Mama! Du musst aufstehen! Los, weiter, weiter, immer weiter!«, höre ich jemanden rufen – ist das etwa Ben? Hat der sich doch nicht irgendwo versteckt, um der Schande seiner Mutter zu entgehen? Feuert der mich etwa an? Ich rapple mich auf, übersteige den Kasten. Eine Pippi watschelt vor mir, eine ist mir dicht auf den Fersen. Und die dritte Pippi versucht nun wahrscheinlich schon zum fünften Mal, den Schwebebalken bis zum Ende zu überqueren, scheitert aber jedes Mal kurz vor Schluss und muss wieder von vorn beginnen. Ich nehme das nächste Hindernis ins Visier: einen Kriechtunnel aus fünf besonders niedrig eingestellten Hürden. Ich schmeiße mich auf den Boden und versuche unter den Balken hindurchzukriechen wie ein Soldat unterm Stacheldraht. Neben mir bleibt eine Pippi mit den Flossen in den Stangen hängen, schmeißt eine der Hürden um und bekommt sie direkt auf den Kopf. »Lasst mich zurück, ich komme zurecht!«, stöhnt der verwundete Vater theatralisch.

Ich habe die letzte Hürde unterkrochen, stelle mich hin und habe das Ziel vor Augen: Nur noch ein paar Meter trennen mich vom Ende dieser entwürdigenden Veranstaltung. Zuvor muss ich im Slalom um zehn Stangen tippeln, dann habe ich es geschafft. Die letzte verbliebene Pippi und ich liegen gleichauf, die Zuschauer schreien und klatschen, ich hole noch einmal alles aus mir heraus, bewältige den Slalom, ohne eine der Stangen umzuschmeißen, und werfe mich kurz vor der Konkurrenz über die Ziellinie. Gewonnen!

»Mama, Mama! Du hast gewonnen! Du hast gewonnen!!!«

Ben kommt auf mich zugerannt und wirft sich in meine Arme, der zweitplatzierte Vater schüttelt mir die Hand und sagt: »Guter Kampf!«, Benni-Papa steht breit grinsend am Zieleinlauf und Hannah klatscht begeistert in ihre kleinen Händchen.

»Herzlichen Glückwunsch«, sagt Frau Horst und überreicht mir den Pokal – ein goldenes Pappmaché-Gefäß mit zwei roten Pippi-Langstrumpfzöpfen an der Seite. Donnernder Applaus, ich verbeuge mich. Und sehe Ben strahlen wie schon lange nicht mehr. Mir fallen Felsklumpen vom Herzen. Er ist eben doch erst sechs, mein Erstgeborener, und noch zu klein, um sich allzu sehr für seine alberne Mutter zu schämen.

Inzwischen sind auch die letzten beiden Pippis ins Ziel gehumpelt. Wir machen noch ein Gruppenfoto, dann darf ich endlich das alberne Kostüm ausziehen gehen. Auf dem Weg zur Umkleidekabine kommt mir Heli-Helga entgegen. »Du, ich hab keine Zeit, ich muss schnell mit Gustav in die Notaufnahme, er hat sich den Knöchel verknackst beim Spendenlauf. Aber ich wollte dir noch sagen: fabelhafte Leistung. Wirklich ganz toll.«

Die Schulsekretärin zwinkert mir zu und ruft: »Ich wusste gleich, dass Sie eine Premium-Mutti sind!«

Und da kommen die Waldis auf mich zugeschlendert, mit ihrem Sprössling Momo in der Mitte, von dem ich immer noch nicht sagen kann, ob es ein Junge oder ein Mädchen ist.

»Ja, auch von uns ganz herzlichen Glückwunsch, das war wirklich inspirierend«, sagt Momo-Mama.

Und Momo-Papa ergänzt: »Wir würden mit dir als Elternsprecherin ...«

»Vertreterin!«, rufe ich schnell dazwischen.

»... mit dir als Elternsprechervertreterin gern noch einmal ins Gespräch kommen, wir haben da ein paar Ideen, wie man im Unterricht durch Rollenspiele und auch durch den bewussten Einsatz von Kostümierungen bei den Kindern tolle Lernerfolge erzielen könnte. Wenn die Kinder durch eine Maske oder ein Kostüm ganz andere Seiten ihrer Persönlichkeit zeigen können, wirkt sich das unmittelbar auf ihre Leistungsbereitschaft aus. Das hat man ja jetzt auch an dir schön beobachten können.«

»Äh, ja, ich würde diese Facette meiner Persönlichkeit jetzt aber gern wieder ablegen und mich umziehen gehen, ja? Wir reden ein andermal!«, sage ich und versuche, mich schnell in Richtung Umkleidekabine zu verkrümeln. Ich mache die Tür auf, lasse mich stöhnend auf die Bank fallen und ziehe endlich die blöden Schwimmflossen von den Füßen. Da höre ich aus der anderen Ecke des Raumes ein Schniefen. Luisa, die gerade noch so tapfer und zur großen Freude ihrer Mutter dreizehn volle Sportplatzrunden gelaufen ist, sitzt mit angezogenen Knien auf dem Boden in der Ecke und weint.

»Hey, Luisa. Was ist denn mit dir los? Warum weinst du? Und warum versteckst du dich hier?«, frage ich und gehe vor der heulenden Luisa in die Hocke.

»Ich ... hab ... keinen ... Pokaaaaal«, jappst Luisa, von kleinen Schluchzern geschüttelt.

»Na, aber das ist doch egal, alle haben doch gesehen, wie toll du gelaufen bist. Das hast du doch prima gemacht«, versuche ich zu trösten.

»Ja, aber ... das ... reicht ... nicht«, schluchzt Luisa. »Mama ... braucht ... einen ... Pokal ... für ... für ...«

»Na, für was denn? Nun weine doch nicht so.«

»Für Instagram!«, bricht es aus Luisa hervor. Ich reiche ihr ein Taschentuch und tätschle ihr das Köpfchen. »Wieso für Instagram?«

»Na, Mama macht immer Fotos von meinen Pokalen und Medaillen vom Voltigieren und vom Turnen und tut die auf Instagram, aber jetzt hab ich gewonnen und trotzdem keinen Pokal gekriegt und jetzt ist Mama sauer.«

»Ja, aber doch nicht auf dich, Luisa, deine Mama ist sehr stolz auf dich, das weiß ich ganz genau. Die sucht dich da draußen bestimmt schon. Aber weißt du was? Nimm meinen Pokal, ich brauch den nicht.«

Ich nehme den Pippi-Langstrumpf-Pokal, den ich auf der Bank abgestellt hatte, und überreiche ihn feierlich Luisa. »Den hast du dir verdient.«

»Danke«, schnieft Luisa, schnappt sich den Pokal und schlurft nach draußen.

Am Abend zu Hause ist Ben überhaupt nicht mehr stolz auf seine Mama, sondern stinksauer, dass ich den Pokal auf dem Sportplatz »verloren« habe, wo er den doch so gern ins sein Zimmer gestellt hätte, als Erinnerung an dieses großartige Sportfest, das für ihn hauptsächlich aus Kuchenessen, Sackhüpfen und Eierlaufen bestand. Hannah hat sich zwei Händchen voll Gummibärchen in die Taschen ihrer Latzhose gestopft und verfüttert die jetzt heimlich in der Küche an unseren Pupsi, was ich eigentlich verhindern müsste, wenn ich nicht völlig erschöpft auf dem Sofa liegen würde. Benni-Papa massiert mir die vom Schwimmflossentragen versehrten Füße.

»Meine kleine Jeanne d'Arc! Ich bin so stolz auf dich. Du hast heute den Feminismus gerettet, du hast die Sportlehre unserer Familie verteidigt, du hast deinen Sohn stolz gemacht und warst dann auch noch so selbstlos, der Tochter einer krankhaft ehrgeizigen Mutter deinen Pokal zu überlassen. Du bist wirklich eine Premium-Mutti, durch und durch.«

»Verarsch mich nicht«, erwidere ich matt.

»Tu ich doch gar nicht«, sagt mein Mann. »Und ganz ehrlich? An keinem sahen die grünen Strumpfhosen und der gelbe Kittel so sexy aus wie an dir. Solltest du öfter tragen.«

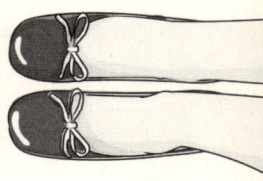

Jippijaijey, Masafacka!

Ben entwickelt neue Leidenschaften

Seit Ben in der Schule ist, haben zwei Seuchen von seiner jungen unschuldigen Seele Besitz ergriffen: das Sammeln und das Fluchen. Beginnen wir mit dem Fluchen. Ich kann behaupten, dass ich in dem Punkt wirklich nicht pingelig bin, es ist mir seit jeher scheißegal, ob mein Kind »scheiße« sagt oder nicht. Ich sage es ja auch ständig und kann es mir nicht abgewöhnen, warum also empört den Zeigefinger heben, wenn das Kind sich an seinen Eltern orientiert? Ist ja schließlich nicht Bens Schuld, dass wir so schlechte Vorbilder sind.

Während seiner Kindergartenzeit durchlief Ben eine lang anhaltende fäkale Phase, in der so ziemlich alles »Kackwurst« war. Da man sich als Kleinkindeltern ja sowieso sehr viel mit Kackwürsten beschäftigt, fiel das irgendwann nicht mehr weiter auf. Kaum wurde es ein bisschen besser und Ben nicht mehr ganz so fasziniert von allem, was mit Körperausscheidungen zu tun hatte, kam seine kleine Schwester auf die Welt und wenig später ein Labrador in unser Leben. (Der – kleine Reminiszenz an die fäkale Phase – von Ben »Pupsi« getauft wurde.) So beschäftigen wir uns also seit gut sechs Jahren ausgiebig mit Kackwürsten und sind deshalb relativ immun gegen Bens Schimpftiraden.

Aber seit Ben in der Schule ist, hat er offensichtlich dazugelernt. Jedenfalls entfuhr ihm neulich beim vergeblichen Versuch, ein zu fest zugeschraubtes Marmeladenglas zu öffnen, ein lautes »Masafacka!«.

»Ben, WAS hast du da gerade gesagt?«

»Masafacka.«

»Und was soll das heißen?«

»Weiß ich nicht, so was wie scheiße.«

»Und wo hast du das gelernt?

»Johnny sagt das immer.«

»Soso, Johnny sagt das immer. Ich will aber nicht, dass du das sagst.«

»Warum?«

»Weil ›Motherfucker‹ nicht dasselbe ist wie ›scheiße‹.«

»Was heißt es denn?«

»Motherfucker? So nennt man jemanden, der … ach, frag deinen Vater.«

In jedem Fall ist mit dem Schuleintritt die fäkale Phase durch eine libidinöse Phase abgelöst worden, Bens neue Lieblingsschimpfwörter haben alle einen sexuellen Kontext, den mein Sechsjähriger natürlich noch überhaupt nicht versteht. Den neuen Referendar, Herrn Soltau, hält er für einen »Wichser« und glaubt, das sei in etwa dasselbe wie ein »Pupsgesicht«. Und wenn ich ihm brav erkläre, was wörtlich genommen ein »Wichser« ist, und er das bitte nie, nie, nie zu irgendjemandem und erst recht nicht zu einer Lehrkraft sagen soll, schaut er mich verständnislos an.

Benni-Papa und ich haben uns darauf geeinigt, uns nicht provozieren zu lassen, sondern ganz sachlich über die eigentliche Bedeutung der neuen Beschimpfungen aufzuklären. Doch als Ben mir aufgebracht erzählt, dass Theo ihn neulich einen »Ficker« genannt hat, obwohl der doch wohl selbst die größte Schwuchtel von allen sei, wird es mir zu bunt.

»Ben, verdammte Scheiße, jetzt ist aber Schluss. Ich will nicht, dass du so redest. Du hast keine Ahnung, was all diese Wörter bedeuten. Weißt du, was eine Schwuchtel ist?«

»Nein.«

»Schwuchtel ist ein ganz gemeines Wort für jemanden, der schwul ist. Weißt du, was schwul sein heißt?«

»Na, Juri fragt mich immer: Bist du schwul oder cool?«

»Okay, du weißt es also nicht. Männer, die Männer lieben, nennt man schwul.«

»So wie Onkel Tobi?«

»Genauso wie Onkel Tobi. Der ist mit Onkel Karl zusammen, die beiden sind schwul. Und trotzdem cool, richtig?«

»Ja klar«, sagt Ben. »Dann sind Johnny und ich ja auch schwul.«

»Nee, Ben, das glaube ich nicht. Ihr seid einfach nur gute Kumpels, das ist noch mal was anderes.«

Ben schweigt eine Weile und denkt nach. Dann schaut er mich an und fragt: »Mama, bin ich dann ein Hurensohn?«

»Definitiv: NEIN! Ich würde es begrüßen, wenn du all diese Wörter nicht mehr verwenden würdest. Ich weiß, manchmal muss man schimpfen, und dann will man schlimme Wörter sagen, ich kann das gut verstehen. Aber dann sag bitte Kackwurst, ja? Hast du ja früher auch gemacht«, sage ich verzweifelt.

»Ooch, Kackwurst ist so baby«, nölt Ben und schlurft

augenrollend in sein Zimmer. Wo er seiner zweiten neuen Leidenschaft frönt: dem Sortieren von Sammelkarten.

Sammelkarten sind Bens Einstiegsdroge in das Universum absolut zweckfreien Konsumierens. Alle Jungs in der Schule sammeln Fußballkarten, die gibt es am Kiosk. Ein Päckchen mit fünf Sammelkarten kostet einen ganzen verdammten Euro – also genau den Betrag, den Ben als wöchentliches Taschengeld bekommt. Kaum hat er den Euro in der Hand, trägt er ihn schon zum Sammelkartendealer, um mir dann an den übrigen sechs Wochentagen in den Ohren zu liegen, ob ich ihm nicht vielleicht doch ausnahmsweise, nur dieses eine Mal, bittebittebitte einfach so noch mal einen Euro für Fußballkarten geben kann. Oder besser: gleich zwei Euro. Und natürlich muss ich für unglaubliche zehn Euro bittebittebitte noch das passende Sammelalbum kaufen, in das die Fußballkarten einsortiert werden können.

Selten habe ich meinen Sohn so glücklich gesehen wie an dem Tag, als Ben bei Juri die heißersehnte Manuel-Neuer-Karte »mit Glitzer!!!« gegen ungefähr fünfzehn minderwertige Karten eingetauscht hat. Denn den Manuel Neuer mit Glitzer hat sonst noch keiner in der Klasse. Doch ach! Der Triumph dauerte nicht lang, denn kaum hatte Ben Hoffnung geschöpft, die Fußballkartensammlung zu Lebzeiten noch zu vervollständigen, wurde die von ihm gesammelte »Serie 5« beendet und durch die »Serie 6« abgelöst. Die Karten sehen zwar fast genau gleich aus, aber eben nur fast, man muss also wieder von vorn anfangen mit dem Sammeln und Tauschen, und natürlich braucht jede Serie ein eigenes Sammelalbum für zehn Euro.

»Ich weiß gar nicht, warum du davon so genervt bist. Ist doch süß!«, sagt Benni-Papa. »Ist doch besser als sein Geld für Süßigkeiten auszugeben. Wir haben doch früher auch alles Mögliche gesammelt. Briefmarken, Getränkedosen, sogar Zigarettenschachteln ...«

»Ja, aber der Unterschied ist, dass daran niemand was verdient hat. Diese Sammelkartenindustrie dagegen ist eine Mafia, die unsere Kinder korrumpiert und abhängig macht. Echt, die sind wie Crackdealer. Erst fixen sie die Kinder mit immer neuen Sammelserien an, dann verknappen sie künstlich das Angebot, um die Nachfrage zu steigern, schließlich fahren sie die Produktion wieder hoch, um dann plötzlich mit irgendeinem neuen Schmu um die Ecke zu kommen.«

Neben den Fußballkarten haben nämlich auch alle neuanlaufenden Kinofilme eigene Sammelkarten als Teil des üblichen Merchandisings. Ben hat inzwischen also auch Minions- und Star-Wars-, Spiderman- und Batman-Karten, obwohl er keinen dieser Filme im Kino gesehen hat. Mit anderen Jungsmüttern tausche ich Geheiminformationen über Kioske am Stadtrand aus, wo es angeblich noch Restbestände vergriffener Sammelkarten zu erstehen gibt, denn die von der Industrie wohlkalkulierte Unmöglichkeit, seine Sammlung zu vervollständigen, bringt unsere Jungs langsam aber sicher um den Verstand.

Dabei steht mir das Schicksal der diversen, mit Hingabe gepflegten Sammelalben klar vor Augen: Immer, wenn am Wochenende Flohmarkt auf dem nahegelegenen Marktplatz ist, sehe ich Zehnjährige auf Picknickdecken hocken, vor sich jeweils eine ganze Batterie aus alten Sammelheften, die sie nun nicht mehr interessieren und deren

Bestückung sie einst ein Vermögen gekostet hat, von dem sie nun auf diesem Weg hoffen, wenigstens einen Bruchteil wieder einzufahren. Wahrscheinlich, um sich von dem Geld ein Smartphone zu kaufen oder wovon auch immer zehnjährige Jungs sonst so träumen.

Benni-Papa hat schließlich die glorreiche Idee, das Unvermeidbare wenigstens mit dem Nützlichen zu verbinden: Wir ernennen Ben ab sofort zum Pfandflaschenbeauftragten. Er bringt die Flaschen zum kleinen Supermarkt an der Straßenecke und darf dafür das Pfand behalten. So kann das Kind auf legalem Weg seine Sucht finanzieren, und die Umwelt wird auch geschont.

Noch viel genialer aber ist die Idee von Onkel Tobi, dem schwulen Sandkastenfreund meines Mannes. Als Bens Patenonkel hat er endlich einen Bereich gefunden, in dem er sich gewinnbringend in Bens Erziehung einbringen kann: als Schimpfwörter-Dealer. Gemeinsam mit Ben hat er ein Sammelalbum geheimer Schimpfwörter angelegt, so geheim und so ungeheuerlich, dass sie nur im alleräußersten Notfall benutzt werden dürfen. Wörter wie »Pupsquastenpimmel« oder »Sackpopelfresser« zum Beispiel. Die schreibt Onkel Tobi fein säuberlich auf Kärtchen, Onkel Karl zeichnet noch ein passendes Monster dazu, und dann ordnen sie zusammen mit Ben die Karten nach Fürchterlichkeitsgrad sortiert in ein eigenes Sammelalbum. Auf diese Weise hat sich Bens Schimpfwörtergebrauch merklich reduziert.

Hannah dagegen begrüßt mich neuerdings jeden Morgen mit einem fröhlichen »Kackwurst Masakacka!«

Lesn unt schraiben lärnen nach Göhöar ...

... und warum nicht der Dativ, sondern der Deppenapostroph dem Genitiv sein Tod ist

Mein erster echter Einsatz als Elternsprechervertreterin steht bevor: Ich sammle alle Fragen der Eltern zum Thema Deutschunterricht für den bevorstehenden Elternabend. Wie von Frau Horst prophezeit, haben sich die meisten der Fragen vom ersten Elternabend inzwischen von selbst geklärt, die zum Thema »Lesen und Schreiben lernen« dagegen haben sich verdoppelt. Denn in der Astrid-Lindgren-Grundschule lernen die Kinder nach der sogenannten Anlautmethode, das heißt, sie bekommen eine Tabelle mit Buchstaben und zu den Buchstaben passenden Bildchen (A wie Apfel, B wie Brot und so weiter) und erschließen sich so erste Wörter. Vor allem soll ihnen diese Methode dazu verhelfen, schnell selbst Wörter schreiben zu können. Und zwar so, wie man sie spricht. Keinesfalls dürften wir die ersten Schreibversuche unserer Kinder korrigieren, schrieb uns Frau Horst eindringlich in einem kurzen Memo, das ich in Bens Mutti-Heft gefunden habe. Korrigieren zerstöre die Motivation. Das mit der Rechtschreibung sei erst mal gar nicht wichtig und würde dann später verfeinert.

»Verfeinert?«, schnaubt Benni-Papa verächtlich. »Wenn du mich fragst, wird unser Sohn auf diesem Weg knapp am Analphabetentum vorbeischrappen.«

Tatsächlich habe ich mich erst noch wie Bolle darüber gefreut, Botschaften wie »MAMA DU PIST DOF« oder »RAINKOM FABOTN« auf kleinen Klebezettelchen an Bens Kinderzimmertür zu finden. Aber nachdem mir die Mutter von Lea aus Bens Klasse erzählt hat, ihr älterer Sohn würde auch in der vierten Klasse nicht viel besser schreiben, mache ich mir etwas Sorgen. Denn ist es nicht so, dass sich gerade beim Thema Rechtschreibung schnell der größte Bockmist verfestigt? Merke ich nicht an mir selbst, wie hartnäckig ich manche Wörter immer und immer wieder falsch schreibe? (Und glauben Sie mir: Dass Sie das nicht merken, liegt wirklich nur an den tipptopp Lektoren und Korrektoren dieses Verlages!) Muss ich mir nicht jedes Mal wieder »Wer nämlich mit h schreibt, ist dämlich« vorsagen, weil ich es sonst wirklich jedes Mal wieder falsch schreibe?

»Schreibt ja heute eh keiner mehr mit der Hand. Und in den Computern gibt es Rechtschreibprogramme. Also, ich finde nicht, dass wir da bei den Kindern zu großen Druck aufbauen sollten«, sagt Heli-Helga, als wir uns eines Nachmittags vor dem Schultor begegnen und über die Problematik sprechen.

»Was heißt hier Druck?«, sagt Theo-Mama. »Es geht um das Erlernen einer Kulturtechnik. Wo kommen wir hin, wenn jeder nur noch so schreibt, wie es ihm passt?«

»Ich habe eine Freundin, die unterrichtet Lehramtsstudenten an der Uni, und die sagt, ihre Studenten könnten heute keine zwei Sätze mehr fehlerfrei schreiben. Das ist eine Epidemie, ein grauenhaftes didaktisches Experiment, das da auf dem Rücken unserer Kinder ausgetragen wird«, sagt Lena-Mama.

»Ich bin schon bei der letzten Rechtschreibreform aus-gestiegen. Wenn es nach mir ginge, würden wir zur alten Schreibweise zurückkehren«, sagt HochbeGabi.

»Ich find's voll schade, dass die damals das Eszett abge-schafft haben«, sagt Proll-Jenny.

»Wieso? Das Eszett gibt es doch nach wie vor …«, sage ich vorsichtig.

»Nee, gibt's nämlich eben nicht!«, mault Proll-Jenny und verdreht die Augen.

Momo-Mama schiebt sich sanft in unsere Runde und sagt: »Ich finde das so schön, wie die Kinder die Schrift ganz behutsam für sich entdecken können, ganz ohne nor-mativen Zwang. Momo schreibt schon erste Gedichte, das ist doch wundervoll. Da ist es doch wirklich nicht so wichtig, ob die Wörter alle richtig geschrieben sind.«

»Ja, Momo wird bestimmt eine große Stimme der Dada-Poesie, herzlichen Glückwunsch«, sagt Theo-Mama.

Und HochbeGabi fügt an, dass sie sich bei ihrer Luisa wirklich keine Sorgen mache, die könne ja im Grunde schon lesen und schreiben seit sie fünf ist. »Aber wenn es dann um die Gymnasialempfehlungen geht und man mei-nem Kind über Jahre falsches Deutsch eingebimst hat – also da verstehe ich keinen Spaß.«

Als für diesen Themenbereich zuständige Elternspre-cherin gelobe ich, die Sorgen und Ängste der Elternschaft beim anstehenden Elternabend gebündelt vorzutragen. Fast bin ich geneigt, mich wieder ein bisschen zu beruhi-gen, schließlich ist Ben ja wirklich erst seit ein paar Mona-ten in der Schule und vielleicht ist an dem, was Momo-Mama sagt, ja sogar etwas dran: Möglicherweise ist es gar nicht so schlecht, wenn die Kinder erst mal einfach drauflos schreiben, ohne dass gleich irgendwer meckert und mit dem Rotstift hantiert.

Doch dann hält mir Benni-Papa abends, als die Kinder schlafen, wortlos Bens Schreibheft unter die Nase – jenes Heft, das nicht für »Schreiben nach Gehör«-Versuche vorgesehen ist, sondern für den »Satz des Tages«, kurze Sätze, die Frau Horst an die Tafel schreibt, damit die Kinder ab und an auch mal ein paar orthographisch korrekte Wörter krakeln. Ich schaue also in Bens Heft, und da steht: »Heute feiern wir Basti's Geburtstag.« Basti's – mit Genitiv-Apostroph. Oder auch: Deppenapostroph, wie Benni-Papa sagen würde, der da sehr empfindlich ist und dem eine große, tiefe Zornesfurche auf der Stirn wächst, wenn er mit zu vielen Deppenapostrophen wie in »Ulla's Nähkontor«, »Gitta's Backstübchen« oder »Marco's Friseursalon« konfrontiert wird.

»Siehst du, was ich sehe?«, fragt er mich fassungslos.

»Ja, Schatz, einen falschen Genitiv. Einen Deppenapostroph. Aber bitte reg dich nicht so auf. Du wirst immer ganz kurzatmig, wenn dir einer begegnet«, flehe ich.

»Nicht aufregen? NICHT AUFREGEN?«, ruft Benni-Papa. »Ist das dein Ernst? Die durch zwei Staatsexamen geprüfte, verbeamtete Lehrerin meines Sohnes weiß nicht, wie man einen korrekten deutschen Genitiv formuliert, und ich soll mich nicht aufregen?«

»Vielleicht hat Ben da was falsch abgeschrieben. Vielleicht ist das einfach nur ein Fussel und kein Apostroph. Vielleicht ist ihm da der Bleistift verrutscht. Kann doch alles sein.«

»Das glaube ich kaum«, schnaubt mein Mann. »Und ich werde das klären. Wann ist dieser Elternabend? Ich besorge einen Babysitter, und wir gehen da zusammen hin. Mag sein, dass meine Kinder später mal ausschließlich per Chat-Emojis kommunizieren, die Kommasetzung gänzlich abgeschafft wird und bei der nächsten Rechtschreib-reform der verdammte Genitiv-Apostroph ohnehin in die deutsche Grammatik einzieht. Aber bis dahin kämpfe ich gegen die Verflachung und Verhunzung meiner Mutter-sprache und den mangelnden Respekt, den man ihrer Grammatik entbietet. Erst recht, wenn dies durch eine staatliche Lehrkraft geschieht!«

»Atmen, Schatz, atmen!«, sage ich beruhigend. »Ganz ruhig, Brauner, das lässt sich alles klären. Der Elternabend ist übermorgen, was du wissen könntest, wenn du auch mal in dieses verdammte Mutti-Heft schauen würdest. Du bist herzlich eingeladen, dabei zu sein. Ich wünschte, ich könnte mich drücken, aber ich kann ja nicht.«

Mein Mann macht Ernst. Ein Babysitter ist bestellt und Benni-Papa wild entschlossen, sich zum Retter der deut-schen Grammatik aufzuschwingen und Frau Horst zur Rede zu stellen. Insgesamt ist die Stimmung ganz schön angespannt, als wir den Klassenraum der 1b betreten, einige Mütter und Väter haben noch nicht mal ihre Jacken ausgezogen, so als wollten sie sich die Möglichkeit zur Flucht offenhalten. HochbeGabi hat einen engbeschriebe-nen Zettel vor sich auf das Tischchen gelegt und tackert nervös mit ihrem silbernen Kugelschreiber, Heli-Helga sortiert einen Stapel Karteikarten, auf dem sie offensicht-lich weitere Elternfragen gesammelt hat, nur die beiden Waldis schmusen verträumt in der Leseecke.

»Hast du eigentlich gar nichts vorbereitet?«, raunt mir

Benni-Papa zu, während wir uns auf zwei kleinen Stühlchen am Fenster niederlassen.

»Nein«, flüstere ich. »Was soll ich denn vorbereiten? Ich werde Frau Horst sagen, dass es erhebliche Zweifel am Sinn und Zweck der ›Schreiben lernen nach Gehör‹-Methode gibt und sie bitten, das ganze Konzept noch mal zu erläutern. Meinst du nicht, das reicht?«

»Na ja, ich dachte, du hättest inzwischen so was wie eine Petition auf die Beine gestellt oder wenigstens Unterschriften gesammelt.«

»Liebster, ich habe den Eindruck, du würdest gern mein Amt als Elternsprecherstellvertreter übernehmen. Nur zu, ich klebe nicht auf meinem Sessel, ich mache gern Platz für jemanden, der diesen Job mit mehr Verve und Leidenschaft ausfüllen kann!«

»Jetzt sei nicht gleich beleidigt, war ja nicht so gemeint«, raunt mein Mann, denn natürlich liegt ihm nichts ferner, als mir mein Amt streitig zu machen. Das würde ja Arbeit bedeuten.

Frau Horst, die heute gar nichts an die Tafel geschrieben hat, lehnt lässig vorn am Pult, befummelt ihre kleine goldene Trillerpfeife, räuspert sich kurz, so dass alle still sind, und begrüßt uns herzlich zu diesem Elternabend, der ganz und gar unseren Fragen vorbehalten sei. Heli-Helga sieht aufmunternd in meine Richtung, ich stehe umständlich auf und sage: »Es gibt unter uns Eltern noch einige Unsicherheiten, was diese ›Schreiben lernen nach Gehör‹-Methode betrifft. Viele Eltern sorgen sich um die Rechtschreibkompetenz der Kinder. Ob Sie wohl so nett wären, das Konzept noch einmal genauer zu erläutern?«

Doch bevor Frau Horst antworten kann, springt Theo-

Mama von ihrem Stühlchen: »Moment. Es gibt unter uns Eltern keine ›Unsicherheit‹ – es herrscht blankes Entsetzen! Es will hier auch niemand, dass Sie diesen Schwachsinn erläutern – wir verlangen, dass er abgestellt wird! Und zwar sofort! Sie erziehen unsere Kinder zu Analphabeten. Ich habe einen Job. Ich habe zu tun. Ich habe keine Zeit, den ganzen Nachmittag damit zu verbringen, meinem Sohn korrektes Schreiben beizubringen. Das ist IHR Job. Ich sehe nicht ein, dass mein Kind später berufliche Nachteile hat, weil er nicht mal weiß, wie man ›Vorstandsvorsitzender‹ korrekt buchstabiert.«

»Ich möchte dem beipflichten«, sagt HochbeGabi. »Sicher sind nicht alle Kinder hier auf dem Lernniveau meiner Tochter, das kann man ja auch nicht verlangen. Aber in Luisas Sinn wäre es sicherlich, wenn das allgemeine Leistungsniveau in der Klasse steigen würde. Sie fühlt sich schnell unterfordert, es ist für Luisa ganz schwer auszuhalten, nicht zu wissen, ob sie etwas wirklich korrekt schreibt. Sie will immer alles richtig machen und dieser Impuls wird ihr doch hier geradezu ausgetrieben.«

»Wissen Sie eigentlich, was Sie da von uns verlangen, wenn Sie uns verbieten, die Texte unserer Kinder zu korrigieren? Wir als Eltern haben die Pflicht, unseren Kindern als verlässliche moralische Instanzen zu dienen, sie zu fordern und zu fördern. Und da sollen wir ihnen sagen: Ist zwar vollkommener Unsinn, was du da schreibst, aber mach ruhig weiter so, Hauptsache, du malst ein paar Buchstaben aufs Papier?«, empört sich Leon-Papa.

Zustimmendes Gemurmel von allen Seiten, nur Heli-Helga wurschtelt weiter in ihren Karteikarten herum und aus der Leseecke, wo die beiden Waldis immer noch enganeinandergeschmiegt in den großen Sitzkissen lümmeln, hört man das Seufzen von Momo-Mama. »Also, ich finde, das ist echt eine ganz arg aggressive Stimmung hier gerade«, sagt sie schließlich weinerlich. »Das macht mich traurig. Was ist das für eine Welt, in der immer alles nur in Richtig oder Falsch eingeteilt wird? Sollten wir den Kindern nicht zeigen, wie schön es sein kann, Unterschiede zu feiern?«

»Aber doch nicht bei der Rechtschreibung«, ruft mein Mann fassungslos. »Da gibt es keine Zwischentöne. Im Matheunterricht wird den Kindern ja auch nicht beigebracht, dass zehn plus zehn ungefähr neunzehn ist. Es gibt nun mal Regeln. Und diese Regeln können uns nicht egal sein.«

»Das sind sie auch nicht«, sagt Frau Horst, die sich bis dahin den elterlichen Empörungsrausch stillschweigend angehört hat. »Sie werden es nicht glauben, aber ich kann ihre Sorgen gut verstehen, denn ich halte die ›Schreiben lernen nach Gehör‹-Methode strenggenommen auch nicht für perfekt. Allerdings motiviert sie viele Kinder gerade am Anfang, sich überhaupt mit dem Schreiben zu befassen. Sie haben früh Erfolgserlebnisse. Sobald das Interesse einmal geweckt ist, ist es viel einfacher, ganz individuell auch stärker auf Rechtschreibung zu achten.«

»Pfff, ganz individuell, was soll das denn heißen? Das ist doch ein Witz!«, empört sich Leon-Papa. »Sie haben hier zweiundzwanzig Kinder in der Klasse, wie wollen Sie die denn alle individuell fördern? Wie soll das gehen?«

»Oh, glauben Sie mir, das geht. Ich habe zwanzig Jahre Berufserfahrung und bei mir hat bislang noch jedes Kind bis zum Ende der vierten Klasse Lesen, Schreiben und

Rechnen gelernt. Außerdem habe ich ganz aktuell ja sogar Unterstützung. Herr Soltau? Wollen Sie sich kurz vorstellen?«

Ein etwas linkischer Mittzwanziger mit braunem Pferdeschwanz und schwarzer Hipster-Brille erhebt sich von einem Stühlchen in der ersten Reihe – der Referendar, der ständig krank ist und den Job eigentlich nur wegen der vielen Frauen und der vielen Ferien macht. Er verbeugt sich kurz und hebt grüßend die Hand, dann deutet er auf seinen Hals und setzt sich wieder.

»Der Herr Soltau kann leider aktuell nicht sprechen, er muss seine Stimme schonen nach einer Erkältung«, sagt Frau Horst mit leicht spöttischem Unterton. »Er ist mein Referendar und begleitet mich im Unterricht, sofern er nicht krankheitsbedingt fehlt. Im Moment hilft Herr Soltau den Schülern mit dem ›Satz des Tages‹. Er überprüft, ob die Kinder den Satz richtig abschreiben, und korrigiert unter Umständen dann auch. Sie sehen, Rechtschreibregeln spielen hier durchaus eine Rolle.«

»Schön wär's«, bricht es aus Benni-Papa hervor. »Mir kommt es nämlich ganz und gar nicht so vor. Oder können Sie mir erklären, warum Ben falsches Deutsch von der Tafel abschreibt?«

»Wie meinen Sie das?«, fragt Frau Horst sichtlich irritiert.

»Vor zwei Tagen habe ich den Satz des Tages im Heft meines Sohnes gelesen: Heute feiern wir Basti's Geburtstag. Basti's – mit Genitiv-Apostroph!«

»Wie bitte?«, ruft Frau Horst sichtlich schockiert. »Ein DEPPENAPOSTROPH? Und Sie glauben jetzt, dass ICH ...«

Sie verstummt erschüttert und schaut auf Herrn Soltau,

den unglücklichen Referendar, der puterrot angelaufen ist und sich umständlich in ein Taschentuch schnäuzt.

Frau Horst fängt sich wieder, schaut Benni-Papa tief in die Augen und sagt: »Ich verspreche Ihnen, dass so etwas NIE WIEDER VORKOMMEN WIRD. Ein Deppenapostroph hat in meinem Klassenzimmer nichts verloren. Ich entschuldige mich. Sie haben jedes Recht, aufgebracht zu sein. Ein falscher Genitiv – das geht wirklich gar nicht!«

Kurzes betretenes Schweigen im Klassenzimmer, damit hatte wohl niemand gerechnet – erst recht nicht Benni-Papa, der sich sonst mit seiner Abneigung gegen den falschen Genitiv allein auf weiter Flur wähnt und nun ausgerechnet in der Frau eine Verbündete gefunden hat, die er für die Schuldige hielt.

Nur Proll-Jenny murmelt in die Stille hinein: »Das hab ich jetzt irgendwie nicht kapiert. Ein Deppen-Was?«

Heli-Helga räuspert sich. »Gut, ich denke, es ist jetzt zu diesem Thema alles gesagt, oder? Ich habe nämlich auch noch ein paar Fragen gesammelt, die die Eltern hier alle umtreiben. Ich fang dann mal an, ja? Wie wird sichergestellt, dass alle Kinder Nachtisch bekommen? Oft gibt es nicht genug für alle, und dann sind manche Kinder sehr enttäuscht und fühlen sich ausgegrenzt. Das sollte unbedingt vermieden werden. Des Weiteren: Bei vielen Kindern verschwinden immer wieder Bleistifte und Radiergummis aus den Federmäppchen, die ganz offensichtlich von Mitschülern geklaut werden. Wie werden diese Eigentumsdelikte geahndet? Welche Sicherheitskonzepte gibt es für die Hofpause? Wie wird verhindert, dass die Kinder rennen und sich dabei möglicherweise verletzen? Wird über den Abbau der Tischtennisplatten nachgedacht? Deren Kanten sind wirklich hart und ein Verletzungsrisiko, außerdem können da ja immer nur wenige Kinder gemeinsam spielen, was bei den anderen das Gefühl aufkommen lassen könnte, ausgegrenzt zu werden …«

So geht das noch eine ganze Weile, bis die ersten Eltern anfangen zu hüsteln, unruhig auf ihren Stühlchen herumzurutschen und mit den Augen zu rollen. Heli-Helga nimmt das nicht weiter zur Kenntnis, sondern spult weiter ihre Fragen runter, die ziemlich eindeutig ausschließlich von ihr stammen und ihrer ewigen Sorge um ihren Gustav entspringen, den sie so gern vor jeder Gefahr bewahren will. Frau Horst versucht mehrfach, den Redefluss zu unterbrechen und greift schließlich zur Trillerpfeife. Ein kurzer Pfiff und Heli-Helga hält endlich inne.

»Das hatten wir beide doch schon alles ausführlich in der Sprechstunde besprochen«, sagt Frau Horst zu Heli-Helga.

»Ja, aber das geht ja alle hier was an, und da wollte ich …«, stammelt Heli-Helga.

»Nee, geht es eben nicht«, ruft Proll-Jenny aus der letzten Reihe. »Wenn dein Sohn keinen Nachtisch abbekommt, hat er halt Pech gehabt. Muss er halt lernen, sich besser durchzusetzen.«

»Also, so was muss ich mir von der Mutter des Klassenschlägers wirklich nicht sagen lassen«, ruft Heli-Helga empört.

»Johnny ist kein Schläger. Der ist einfach nur sehr körperlich«, sagt Proll-Jenny.

»Körperlich? Johnny ist eine völlig unerzogene Testosteronwalze, eine tickende Zeitbombe und eine Gefahr für Leib und Leben unserer Kinder. Höchste Zeit, dass Sie Ihren Sohn mal durchdiagnostizieren lassen. Gegen so was gibt es auch Tabletten, wissen Sie?«, ruft Heli-Helga.

»Ey, schluck doch selber Tabletten, fette Kuh«, sagt Proll-Jenny.

»Total aggressive Stimmung …«, wimmert Momo-Mama.

»Zeitverschwendung, dieser ganze Abend«, giftet HochbeGabi. »Und ich finde es schon allerhand, dass du deine herausgehobene Stellung als Elternsprecherin missbrauchst, um hier die Wehwehchen von deinem verweichlichten Sohn zu verhandeln.«

»Na dann, bitte, mach du doch den Job«, ruft Heli-Helga, nun den Tränen nah. »Ich will mein Kind schützen, das ist alles. Aber das scheint hier ja nicht für jeden Priorität zu haben.«

»Ich hätte da noch eine Frage zur Einbindung von Alltagsenglisch in den Unterricht …«, sagt Lena-Mama zaghaft.

»Und wir wollten eigentlich auch noch unsere Ideen zur Umgestaltung des Klassenraumes ansprechen«, sagt Momo-Papa.

Aber da stöhnen alle auf, und Frau Horst bedeutet Lena-Mama und Momo-Papa, dass sie das vielleicht einfach gleich im Anschluss im kleinen Kreis erörtern können. Dann erklärt sie den Elternabend für beendet, nimmt sich im allgemeinen Geraschel und Gepolter der erleichtert aufbrechenden Eltern kurz den bedröppelten Referendar zur Seite und spricht sehr eindringlich auf ihn ein.

»Ich höre zwar nicht, was sie sagt, aber ich glaube, der junge Mann bereut seine Berufswahl gerade bitterlich«, sagt Benni-Papa zufrieden, als er die Szene sieht.

Ja, wahrscheinlich wäre der junge Herr Soltau, der offenbar im Studium hier und da nicht richtig aufgepasst und zu viel von Sex mit seinen unerreichbaren Kommilitoninnen geträumt hat, woanders besser aufgehoben als ausgerechnet an einer Grundschule. Vielleicht macht er sich ja selbständig und gründet »Raphael's-Rechtschreibung's-Werkstatt« oder »Soltau's Sinnsucher-Teestübchen«. Ist ja auch ein Weg, um Frauen kennenzulernen.

»Nix.«

Dialog mit meinem neuerdings wortkargen Sohn

»Hallo, mein Schatz, komm rein. Hab schon auf dich gewartet. Komm, zieh die Jacke und die Schuhe aus, stell den Schulranzen in dein Zimmer, und wir trinken einen Kakao zusammen. Also erzähl: Wie war's heute in der Schule?«

»Gut.«

»Und was habt ihr so gemacht?«

»Nix.«

»Hattet ihr Mathe?«

»Hmhm.«

»Und? Macht dir das Spaß?«

»Is okay …«

»Ist doch toll. Weißt du was? Ich fand Mathe immer blöd. Hat mir gar keinen Spaß gemacht. Freut mich, wenn das bei dir anders ist. Mathe ist superwichtig, weißt du?«

»Hmhm.«

»Doch wirklich. Später ist Mathe wirklich nützlich für ganz viele Dinge. Zum Beispiel für … äh … na ja, viele Dinge auf jeden Fall. Wie weit rechnet ihr denn schon?«

»Zwanzig.«

»Aha, bis Zwanzig, na, das ist doch gar nicht schlecht. Was ist denn sieben plus vier?«

»…«

»Jetzt roll nicht so mit den Augen, ist ja gut, ich frag nichts mehr. Und sonst?«

»...«

»Wie war die Hofpause?«

»Gut.«

»Was habt ihr gemacht?«

»Gespielt.«

»Okay, Ben, ich merke schon, so komme ich nicht weiter. Lass mich anders fragen: Was war denn heute besonders schön in der Schule?«

»Nix.«

»Ach komm, irgendwas muss doch schön gewesen sein. Du gehst da doch gern hin. Da sind doch deine neuen Freunde. Wer sitzt denn jetzt eigentlich neben dir?«

»Momo.«

»Immer noch? Ich dachte, ihr rotiert ab und zu. Damit ihr euch alle gut kennenlernt und jeder mal neben jedem sitzt. Würdest du nicht gern mal neben jemand anderem sitzen?«

»Weiß nicht.«

»Und? Ist Momo denn wenigstens nett?«

»Joa.«

»Sag mal, ist Momo eigentlich ein Mädchen oder ein Junge?«

»Mädchen.«

»Und seid ihr Freunde?

»Nö.«

»Warum nicht? Weil Momo ein Mädchen ist? Früher hast du doch voll gern mit Mädchen gespielt. Ist das jetzt plötzlich nicht mehr cool, mit Mädchen befreundet zu sein oder was?«

»Hmhm.«

»Aber Schatz, das ist doch Quatsch. Mädchen und Jungs können doch befreundet sein. Wer sagt denn, dass das plötzlich doof sein soll? Wo ist denn da der Unterschied? Es gibt blöde Jungs und blöde Mädchen und nette Jungs und nette Mädchen. Es gibt Mädchen, die gern Fußball spielen, und es gibt Jungs die gern ›Bibi und Tina‹ schauen. Dich zum Beispiel.«

»Gar nicht!«

»Doch, das stimmt. Du magst ›Bibi und Tina‹ und Pferde, und wenn du ehrlich bist, magst du auch alles, was ein bisschen glitzert. Und das ist auch völlig in Ordnung.«

»Ich mag aber Momo nicht.«

»Na gut, okay, ist ja nicht schlimm. Warum denn nicht?«

»Weiß nicht.«

»Und wer ist dein bester Kumpel?«

»Johnny.«

»Und warum Johnny? Was magst du an dem?«

»Weiß nicht.«

»Na komm, irgendwas wirst du an ihm doch toll finden, wenn das dein bester Kumpel in der Schule ist. Überleg mal.«

»Dass er stark ist.«

»Aha. Aber du bist doch auch stark. Brauchst du Johnny, um dich gegen andere Jungs zu verteidigen? Ich meine, prügelt ihr euch viel in der Pause?«

»Nö.«

»Okay. Na, und was magst du an Johnny noch?«

»Der ist cool.«

»Verstehe. Wegen der Schokozigaretten, die er immer dabeihat?«

»Ja.«

»Aber du weißt schon, dass richtige Zigaretten was total Ekliges sind, oder? Rauchen ist eigentlich überhaupt nicht cool.«

»Doch.«

»Nein, Ben, glaub mir. Rauchen ist eine teure, unnötige und wahnsinnig ungesunde Sucht. Nichts daran ist cool. Besser, man fängt nie damit an.«

»Und warum rauchst du dann?«

»Gute Frage, Schatz. Weiß ich auch nicht so genau. Ich dachte früher auch, dass es cool ist. Und jetzt kann ich nicht mehr so leicht damit aufhören. Ich rauche ja auch nur ganz selten. Und wenn, dann genieße ich es, obwohl ich weiß, dass es ungesund ist. Das ist so, wie wenn du zu viel Schokolade isst, an Ostern zum Beispiel. Das macht Spaß, auch wenn du weißt, dass du später davon Bauchweh kriegst.«

»Mama?«

»Ja?«

»Johnnys Zigaretten sind ja auch nicht echt, sondern aus Schokolade.«

»Hast ja recht. Und? Willst du Johnny vielleicht mal mitbringen nach der Schule? Dann könnt ihr hier in deinem Zimmer spielen, und ich kann ihn auch mal kennenlernen. Bislang hab ich ja immer nur wilde Geschichten über ihn gehört.«

»Okay.«

»Stimmen denn die wilden Geschichten?«

»Welche?«

»Na, dass Johnny immer Quatsch macht und im Unterricht stört und andere Kinder ärgert?«

»Nö.«

»Na, dann ist ja gut. Sag mal, ist die Frau Horst eigentlich sehr streng mit euch? Also schimpft sie manchmal, wenn ihr zu viel Quatsch macht?«

»Ja.«

»Oje. Und wie fühlst du dich dann? Macht dir das Angst? Ich meine, findest du das schlimm, wenn Frau Horst schimpft?«

»Nö.«

»Und hat sie mit dir auch schon mal geschimpft?«

»Nö.«

»Und mit wem schimpft sie am meisten?«

»Johnny.«

»Und warum?«

»Weiß ich nicht.«

Die wohl angesagteste Schach-AG der Welt ...

... und warum gutes Sitzfleisch immer noch die beste Waffe für ehrgeizige Mütter ist

Ich möchte hiermit feierlich schwören, dass ich nie und nimmer auf die Idee gekommen wäre, meinen Sohn ausgerechnet in eine Schach-AG zu stecken. Ich bin ganz realistisch, was seine intellektuellen Fähigkeiten angeht, mit Glück ist er ein bisschen klüger als seine Eltern, damit wahrscheinlich knapp über Durchschnitt, und ehrlich gesagt halte ich genau das für den Schlüssel zu einem glücklichen Leben. Soweit ich es beurteilen kann, scheint mir Ben in der Schule weder über- noch unterfordert zu sein, braucht also keine zusätzliche Stimulanz. Und gegen Schach habe ich sowieso eine echte Abneigung, seit ich als Studentin ab und zu gebabysittet habe. Der durchgeknallte Fünfjährige, den ich einmal die Woche abends zu betreuen hatte, während seine Eltern ins Kino gingen, hat mich erst in sieben Zügen schachmatt gesetzt und mich anschließend Dinosaurier-Namen abgefragt (»Mann, das ist der Ceratosaurus aus der Gruppe der Theropoden. Hab ich dir doch letztes Mal schon erklärt. Kannst du dir echt gar nix merken?«). Und dann kam Ben eines Tages ganz aufgeregt aus der Schule, wedelte mit einem Zettel und sagte:

»Mama, da MUSST du hingehen. Das ist wegen der Schach-AG. Da werden die Plätze verteilt, und ich will unbedingt in die Schach-AG. Ja, Mama? Bitte!«

»Ben? Alles in Ordnung mit dir? Schach-AG? Ist das dein Ernst?«

Ja, es ist sein heiliger Ernst. In einer Woche ist Versammlung für die Eltern der interessierten Schüler, auf der auch die wenigen Plätze für die Schach-AG vergeben werden. Jedenfalls für den Einsteigerkurs, der nur Erst- und Zweitklässlern offensteht.

Ich habe natürlich schon vorher von dieser Schach-AG gehört. Von anderen Müttern der Astrid-Lindgren-Grundschule, die vor lauter Begeisterung Schnappatmung bekommen, wenn sie von dieser wirklich einzigartigen Möglichkeit erzählen, aus unseren durchschnittlichen Kindern doch noch kleine Genies zu machen.

»Der Leiter der AG ist ein ehemaliger Europameister«, flüstert die Mutter eines Drittklässlers ehrfürchtig, als ich sie auf dem Schulhof anspreche. »Die Kinder LIEBEN ihn. Und die lernen ja wirklich ALLES da, das Schachspielen ist ja nur ein Vehikel für so viele andere Dinge: Mathematik, Wahrscheinlichkeitsrechnung, politische Zusammenhänge, strategisches Denken, gewaltfreie Konfliktlösung … Aber die Plätze sind natürlich heißbegehrt. Also gerade für den Anfängerkurs. Wirklich wahnsinnig schwer, da überhaupt reinzukommen, aber ich wünsche Ihnen viel Glück.«

Gut, ein Kurs, der Erstklässlern »politische Zusammenhänge« und »gewaltfreie Konfliktlösung« nahebringt, ist aus Elternsicht natürlich in jedem Fall ein Gewinn. Aber was sind Bens Motive? Der hat ja noch nicht mal Lust auf einen Fußballverein, obwohl er leidenschaftlich gern mit seinen Kumpels im Park kickt.

»Das ist wie Star Wars, Mama! Voll geil! Und mit Köni-

111

gen! Und Pferden! Wir verkleiden uns da auch und lernen Kampftechniken. Und der Typ, der die Schach-AG macht, ist ein echter Jedi-Meister. Und er hat einen echten Yoda dabei, der sogar sprechen kann. Echt, Mama!«, sagt Ben. Und außerdem würden alle, wirklich alle aus seiner Klasse in die Schach-AG gehen, und deshalb müsse ich unbedingt zu dem Treffen und für ihn auch einen Platz ergattern.

Ich marschiere also ein paar Tage später am frühen Abend zur Schach-AG-Informationsveranstaltung in die Schulaula. Als ich ankomme, ist sie schon gut gefüllt mit etwa fünfzig Erst- und Zweitklässlereltern. Auch aus der 1b sind einige dabei: die HochbeGabi selbstverständlich, aber auch Leon-Mama, Heli-Helga, Theo-Papa und der schöne Asperger-Axel. Kaum habe ich mich in eine der hinteren Reihen gesetzt, betritt ein Mann in einer langen braunen Kutte mit aufgesetzter Kapuze den Raum und setzt sich vorn auf der niedrigen Aulabühne an einen Tisch. Auf seiner rechten Hand hockt Yoda – der Jedi-Meister aus Star Wars, der aussieht wie eine Mischung aus einer Schildkröte und dem späten Marcel Reich-Ranicki – oder besser gesagt eine ziemlich aufwendige und realistisch gestaltete Yoda-Handpuppe.

Das Elterngemurmel verstummt, Yoda hebt seinen von einem kleinen Stab geführten Arm, schlägt die Puppenaugen auf und sagt im unverkennbaren Yoda-Duktus: »Vollzählig ihr nun seid? Sehr zufrieden ich bin.«

Wow! Ein Bauchredner! Kein Wunder, dass die Kinder auf die Schach-AG abfahren. Von einer sprechenden Yoda-Puppe würden sie sich wahrscheinlich nicht nur das Schachspielen sondern auch richtiges Zähneputzen,

Spülmaschine einräumen und Strumpfhosen auf rechts Drehen beibringen lassen. Bauchredner müsste man sein!

Yoda schaut prüfend in die Runde.

»Doch viel zu viele ihr wohl seid. Nur zwanzig Plätze zu vergeben ich habe.«

Aufgeregtes Gemurmel in der Elternschaft. Die Puppe hebt den Arm und alle verstummen.

»Eure Weisheit testen ich nun will. Untereinander einigen ihr euch müsst.«

»Was soll das denn heißen?«, ruft ein Vater aufgebracht. »Wieso losen Sie die Plätze nicht einfach aus?«

»Am Losen keine Freude ich finde«, sagt Yoda. »Einig werden ihr euch müsst. Wer sollen die zwanzig Teilnehmer der Schach-AG sein?«

»Hallo? Sie in dem braunen Umhang? Können Sie mal die Kapuze abnehmen und normal mit uns sprechen?«, ruft HochbeGabi. »Ich rede nämlich nicht mit Handpuppen.«

»Viel lernen du noch musst«, spricht Yoda in HochbeGabis Richtung. »Wenn einen Platz für dein Kind du hier willst, besser mit Meister Yoda du sprichst.«

Ich sehe HochbeGabi theatralisch mit den Augen rollen und bin schon jetzt ein bisschen verliebt in den Leiter der Schach-AG. Der Abend verspricht, lang und lustig zu werden.

»Sorry, bei dem Quatsch mach ich nicht mit«, sagt Leon-Mama, steht auf und marschiert in Richtung Ausgang. Etwa ein Dutzend andere Eltern stehen ebenfalls auf und schließen sich ihr kopfschüttelnd an. Die zurückbleibenden Eltern atmen auf – die Chance auf einen Platz ist schon jetzt substantiell gestiegen.

»Meister Yoda, eine Frage«, sagt ein Vater und verbeugt

sich ehrfürchtig vor der Handpuppe. »Warum die Plätze nicht verlosen? Das wäre doch das Gerechteste.«

»Nein. Einigen untereinander ihr euch müsst. Keine Lottofee ich bin«, sagt die Puppe, klappt die Augen zu und sackt in sich zusammen. Der bauchredende Schacheuropameister in der braunen Kutte sitzt ebenfalls reglos hinter seinem Tisch und schweigt. Keiner rührt sich. Bis schließlich ein Vater aus Bens Parallelklasse aufsteht.

»So, ich nehme das hier jetzt mal in die Hand. Das scheint ja irgendwie ein Spiel zu sein oder ein Psychoexperiment oder was auch immer. Bringen wir es hinter uns. Habe mal eben durchgezählt, wir sind jetzt noch 37 Eltern, also siebzehn zu viel, wenn ich davon ausgehen kann, dass hier jeder Erwachsene nur für ein Kind einen Platz ergattern will. Gibt es noch jemanden, der die Runde freiwillig verlassen möchte?«

Keiner rührt sich.

»Dann sollten wir Kriterien erarbeiten, nach denen wir die Plätze fair verteilen. Vorschläge?«

»Ganz klar Intelligenz«, ruft HochbeGabi. »Meine Tochter Luisa ist schon jetzt völlig unterfordert im normalen Unterricht und braucht dringend eine geistige Herausforderung.«

»Äh, sollen wir jetzt alle den IQ von unseren Kindern aufsagen, und die zwanzig höchsten gewinnen oder was? Das ist ja wohl nicht ihr Ernst«, sagt eine andere Mutter. »Ich bin dafür, dass wir die Plätze gerecht auf die Klassen verteilen.«

»Und wie soll das gehen? Es gibt vier erste und vier zweite Klassen. Wie wollen Sie zwanzig Plätze gerecht auf acht gleich große Klassen verteilen?«, sagt Theo-Papa.

114

»Na, dann sollten die Erstklässler zugunsten der Zweit-klässler verzichten«, sagt ein Vater. »Die jetzigen Erst-klässler haben ja nächstes Jahr noch einmal die Chance auf einen Platz. Außerdem müssen die ja auch erst mal in der Schule ankommen, das ist anstrengend genug. Warum die Kleinen gleich mit so einem nachmittäglichen Ange-bot belasten?«

»So weit kommt's noch«, schnaubt eine Mutter. »Mein Sohn hat einen älteren Bruder, der auch schon in der AG war. Er kennt das also und weiß genau, was ihn da erwar-tet. Seit Tagen spricht das Kind von nichts anderem. Und jetzt soll ausgerechnet ER zugunsten eines Zweitklässlers verzichten, der vielleicht erst seit gestern überhaupt von der Existenz der Schach-AG weiß? Also: Nicht mir mir!«

Ein Vater aus den hinteren Reihen steht auf und verlässt die Aula. »Ist mir zu blöd, das alles hier, sorry. Für so was hab ich keine Zeit«, sagt er, als er durch die Tür geht. Wie-der einer weniger. Alle schweigen für eine Weile.

»Ich finde das alles hier wirklich extrem schlecht orga-nisiert«, sagt Heli-Helga schließlich in Richtung des Pup-penspielers. »Wissen Sie eigentlich, was bei mir zu Hause los ist, wenn Gustavs Freund Juri jetzt hier einen Platz be-kommt und er nicht? Können Sie mir sagen, wie ich das meinem Kind vermitteln soll?«

Die Yoda-Puppe hockt weiter versunken und leblos vorne auf dem Pult, auch der Schachmeister schweigt un-ter seiner Kapuze und ignoriert unsere Diskussion.

»Muss das denn jetzt eigentlich hier und jetzt ent-schieden werden? Können wir die Kinder nicht mit einbe-ziehen? Also, ich würde ja vielleicht sogar noch ein Jahr warten mit der Anmeldung, zugunsten der jetzigen Zweit-klässler. Aber nicht, ohne Rücksprache mit meinem Kind zu halten. Ich kann das doch nicht einfach so über seinen Kopf hinweg entscheiden«, sagt eine Mutter.

»Mich würde ja mal interessieren, wie denn hier überhaupt die Geschlechterverteilung ist«, sagt ein Vater. »Es sollten auf jeden Fall gleich viele Jungen und Mädchen die Chance auf einen Platz haben. Können mal alle Mädcheneltern die Hand heben bitte?«

Sieben Arme gehen nach oben.

»Dachte ich mir«, sagt der Vater zufrieden. »Hier haben sich viel mehr Jungseltern angemeldet, die Mädchen werden bei solchen Dingen ja gern übergangen. Lasst uns eine Frauenquote beschließen. Ich plädiere dafür, dass alle Mädchen automatisch einen Platz bekommen.«

Wildes Gemurmel in der Elternschaft – offensichtlich ist dies der erste diskussionswürdige Vorschlag. Nur HochbeGabi sträubt sich.

»Meine Tochter ist keine Quotenfrau! Sie braucht keinen Platz aus Mitleid, sie hat einen Platz in dieser AG verdient! Weil sie zehnmal intelligenter ist, als all die kleinen Pimmelträger ihres Jahrgangs zusammen.«

»Na, Sie müssen ja nicht mitmachen«, mault eine Mutter, die gerade noch die Hand oben hatte. »Ich finde das einen sehr guten Vorschlag. Die Mädchen sollten in diesem Fall bevorzugt werden. Und wenn sich hier ohnehin nur sieben angemeldet haben, dann zeigt das ja auch, dass da was falsch läuft in der Gesellschaft. Wir leben immer noch im Patriarchat. Von Mädchen wird immer noch erwartet, dass sie hübsch und unterwürfig sind, Bildung ist zweitrangig.«

»Nein, stopp, ich hab es satt immer nur zu hören, mein

116

Sohn müsse zurückstecken, nur weil er einen Penis hat. Gerade in der Schule ist doch alles voll und ganz auf Mädchenbedürfnisse ausgerichtet! Wer sind denn die Schulverlierer? Jungs! Weil sie weniger konformistisch sind, weniger angepasst, wilder, eigensinniger, Autoritäten in Frage stellen. Und vom System dafür mit schlechten Noten bestraft werden. Keine Ahnung, warum mein Sohn den Preis dafür zahlen soll, dass sich hier so wenig Mädchen anmelden. Nicht mit mir!«, sagt eine Mutter.

»Vielleicht könnten wir einfach darüber abstimmen, ob wir den sieben Mädchen einen sicheren Platz geben?«, werfe ich ein. »Dann wären wir doch schon mal ein gutes Stück weiter.«

»Ja, und was ist mit anderen Minderheiten? Meine Mutter stammt aus Slowenien, damit hat mein Kind einen Migrationshintergrund. Auch Migranten sollten bevorzugt werden«, ruft ein Vater.

»Ich kann nicht mehr, ich gehe, mein Babysitter muss nach Hause«, sagt eine Mutter resigniert und verabschiedet sich. Wieder erleichtertes Aufatmen bei den anderen Eltern. Langsam bekomme ich das Gefühl, dass das hier auf eine Geduldsprobe hinausläuft. Die zwanzig Eltern, die am längsten stur sitzen bleiben, gewinnen die begehrten Plätze.

»Das ist jetzt irgendwie auch nicht fair, dass eine arme alleinerziehende Mutter keine Chance hat, weil sie abends auf einen Babysitter angewiesen ist«, murmelt eine andere Mutter.

»Ja, klar, erst Frauenquote, dann auch noch Sonderrechte für Migranten, Behinderte und Alleinerziehende oder was?«, fragt ein Vater säuerlich.

Da meldet sich Asperger-Axel: »Ich bin alleinerziehend. Und mein Sohn ist behindert. Spielt aber sehr gern Schach.«

Wieder ratloses Schweigen. Schließlich stimmen wir darüber ab, ob wir darüber abstimmen wollen, den sieben angemeldeten Mädchen einen Platz zu geben. Wir wollen per Handzeichen abstimmen, doch HochbeGabi fordert lautstark eine geheime Wahl mit Zettelchen. Nach einer offenen Abstimmung darüber, ob fortan geheim oder offen abgestimmt werden darf, wird also offen abgestimmt. Und zwar beide Male mehrheitlich mit Ja. Eine schwere Geburt, aber die Mädcheneltern seufzen erleichtert auf, tragen die Namen ihrer Kinder in eine Liste ein und verlassen die Aula. Auch HochbeGabi ist am Ende eingeknickt und nimmt lieber den sicheren Quotenplatz für ihre Tochter, als am Ende doch ohne dazustehen.

Zurück bleiben zweiundzwanzig Jungseltern, die nun die verbliebenen dreizehn Plätze untereinander verteilen müssen.

»Auf einem guten Weg ihr seid«, sagt Yoda, der kurz aus seiner Starre erwacht. »Vor Mitternacht geeinigt haben ihr euch müsst.«

»Vielleicht gehen wir einfach raus auf den Hof und prügeln uns um die Plätze? Fände ich jedenfalls ehrlicher als diesen Schwachsinn hier«, sagt ein Vater.

»Ich möchte noch mal kurz anmerken, dass ich alleinerziehend bin und mein Sohn Bastian behindert ist«, sagt Asperger-Axel, der sich sichtlich unwohl fühlt in unserer Runde.

»Dann schick ihn halt zum Behindertensport«, blafft ein Vater.

»Ich vermute bei meinem Gustav ja auch eine leichte Lese-Rechtschreib-Schwäche, ich finde, das könnte hier durchaus ein Kriterium sein«, sagt Heli-Helga, und da wird es mir zu bunt.

»Wer ist dafür, dass Bastian auch einen Platz bekommt?«, frage ich. »Bitte Hände hoch.« Tatsächlich geht eine knappe Mehrheit der Hände nach oben, Asperger-Axel schaut dankbar in meine Richtung, ich würde sogar sagen, seine Mundwinkel deuten ein leichtes Lächeln an. Dann trägt er Bastian in die Liste ein und huscht schnell aus dem Saal. Heli-Helga fragt nicht noch einmal nach, angesichts der knappen Entscheidung für Basti schätzt sie ihre Chancen, auf dem Behindertenticket einen Platz für ihren Sohn zu bekommen, offenbar nicht mehr besonders hoch ein.

»Ich geh jetzt mal aufs Klo«, blafft sie stattdessen in die Runde. »Aber: Ich komme wieder! Nur, dass das klar ist.«

»So, und was ist jetzt mit meiner slowenischen Mutter?«, fragt ein Vater. »Wenn hier jeder Sonderrechte bekommt, dann möchte ich auch über mein Kind abstimmen lassen.«

Leider scheint die Mehrheit einen durch eine slowenische Großmutter bedingten Migrationshintergrund nicht als ausreichend für die Anwendung von Minderheitenprivilegien anzusehen. »Dann geh ich eben«, sagt der Vater beleidigt, und keiner hält ihn auf.

Dann sitzen wir alle eine Weile schweigend in der Aula und gucken in die Luft. Keiner gibt auf, keiner macht einen Vorschlag, wie weiter zu verfahren ist. Ob wir vielleicht Pizza bestellen sollten? Der bauchredende Schachgroßmeister scheint vorn an seinem Pult eingeschlafen zu sein. Jedenfalls bewegt er sich nicht, und ich meine ein leichtes Schnarchen wahrzunehmen. Da wittere ich unsere Chance.

»Wollen wir nicht einfach die letzten Plätze unter uns Verbliebenen verlosen?«, flüstere ich. »Der Meister schläft ja gerade.«

Zustimmendes Kopfnicken.

»Aber Meister Yoda hat gesagt, wir dürfen nicht losen«, flüstert eine Mutter zurück.

»Stimmt nicht«, raune ich. »Er hat nur gesagt, dass ER nicht losen will. Und dass WIR uns einigen sollen. Wenn wir uns jetzt darauf einigen, einfach zu losen, kann er uns doch eigentlich keinen Strick daraus drehen …«

Gesagt, getan. Ich ziehe ein leeres Blatt aus meiner Tasche, reiße es in zwanzig kleine Zettelchen, male auf elf der Zettelchen ein Kreuz, knülle alle zusammen und werfe sie in meine Mütze.

»Bitte alle einen Zettel ziehen. Die mit Kreuz bekommen einen Platz«, flüstere ich. Jeder nimmt sich ein Papierknödelchen, ich fische mir das letzte, übriggebliebene aus der Mütze und hoffe sehr, dass mich das Schicksal mit einem Platz in der Schach-AG belohnt – dafür, dass ich den Einfall hatte, der uns hier alle vor dem Verhungern rettet.

Das Juchzen der einen und das enttäuschte Aufstöhnen der anderen wecken den Schachmeister aus seinem Schlaf.

»Bin wirklich gar nicht glücklich«, mault Heli-Helga mit ihrer Niete in der Hand. »Ich fühle mich hier nicht gut behandelt. Und es malt sich ja keiner aus, wie enttäuscht Gustav jetzt sein wird. Wie soll ich ihm das bitte schön beibringen, dass er nicht in die Schach-AG kann? Wie?«

»Einig ihr euch seid?«, fragt Meister Yoda gähnend. »Gut. Sehr müde ich nun bin.«

Was für ein genialer Schachzug, sich den Stress mit den Eltern vom Leib zu halten, indem man sie den Krieg einfach untereinander führen lässt!

Wir tragen noch die letzten Namen in die Liste ein, Heli-Helga läuft zeternd und jaulend wie ein Klageweib aus der Aula, und ich stecke mein imaginäres Laserschwert wieder ein. Diese Schlacht habe ich gewonnen, mein Sohn hat einen Platz. Und wenn dieser Abend für irgendetwas gut war, dann dafür, uns Eltern noch mal eindrücklich aufzuzeigen, wozu strategisches Denken und gewaltfreie Konfliktlösung gut sind. Soll man ja alles lernen beim Schach. Vielleicht hol ich gleich noch unser altes, staubiges Brett und die Figuren aus dem Schrank, überwinde mein Trauma und setze Benni-Papa in sieben Zügen schachmatt. Bin gerade so gut in Form.

Ein Freund, ein guter Freund ...

... das ist das Komplizierteste, was es gibt auf der Welt – jedenfalls aus Elternsicht

Eigentlich würde man denken, dass Kinderfreundschaften ab der Grundschule einfacher werden. Zumindest für die Eltern. Denn anders als zu Kindergartenzeiten ist es nicht mehr ganz so entscheidend, ob man die Eltern der diversen kleinen Freundinnen und Freunde leiden kann: Sie kommen nicht mehr mit auf Kindergeburtstage, wo man dann neben zehn aufgekratzten Kindern auch noch deren Eltern mit Kuchen und Getränken zu versorgen hat. Verabredungen müssen nicht mehr Tage im Voraus geplant werden, weil sich der kleine Sören einfach noch nicht so gut von der Mama lösen kann und die deshalb lieber dabei bleibt, wenn die Kinder spielen, allerdings nur Dienstagnachmittag kann und dann auch noch ihr Baby mit im Schlepptau hat. Und auch bei Streitigkeiten hatte ich gehofft, dass Grundschulkinder die mehr und mehr einfach unter sich klären und ich keine peinigenden Telefongespräche à la »Meine Celia sagt, dass Ben ihr heute die Puppe weggenommen und sie Kackwurst genannt hat. Ich erwarte, dass Sie mit Ihrem Sohn sprechen und der sich morgen bei Celia entschuldigt!« mehr führen muss.

Doch die Wahrheit ist, dass Kinderfreundschaften mit dem Schuleintritt eine neue, verstörende Tiefe und Bedeutung bekommen, die für Eltern nicht weniger anstrengend ist. Im gleichen Maße, wie mein Coolness-Faktor in den Augen meines Sohnes sinkt, steigt die Wichtigkeit dessen, was und wen Bens neue Schulfreunde cool finden. Die Peergroup hat Ben jetzt voll und ganz in der Hand, und sein Vater und ich sind nur noch staunende Zeugen.

Da wäre also Johnny, Bens neuer bester Freund. Johnny ist Erwachsenen gegenüber von geradezu verdächtiger Höflichkeit. Ein Kind, das artig die Hand gibt, freundlich fragt, wo denn bei uns »die Örtlichkeiten« sind, sich ausgiebig über die Erlesenheit und Köstlichkeit meiner Speisen auslässt, wenn er mal zum Abendessen bleibt – so ein Kind muss mit der Mafia im Bunde stehen und wird hier bei uns nur in seiner Tarnexistenz auflaufen. Denn ansonsten höre ich über Johnny nur das Schlimmste: Dass er anderen Kindern im Tausch gegen seine begehrten Schokozigaretten die guten Zahnpflegekaugummis aus der Tasche zieht – und zwar im Verhältnis von eins zu zehn! Dass er schon einmal nach Einbruch der Dunkelheit in die Schule eingebrochen und dem Direktor auf den Schreibtisch gekackt haben soll. Dass er einen eigenen Fernseher in seinem Zimmer stehen hat und da ganz sicher nicht nur »Wissen macht Ah!« schaut. Dass er – und diese Info habe ich nicht von anderen Eltern, sondern von Ben höchstpersönlich – schon mal mit Zunge geküsst hat.

»Voll eklig, oder?«, sagt Ben voller Bewunderung.

»Na ja, Ben, nicht wirklich. Für einen Sechsjährigen allerdings deutlich zu früh.«

»Das Kind ist doch völlig verwahrlost«, ereifert sich Leon-Mama, die verzweifelt versucht, ihrem Sohn die Freundschaft mit Killer-Johnny auszureden, was ihn nur umso interessanter macht. »Ich weiß nicht, wie du Ben erlauben kannst, sich ständig mit ihm zu treffen.«

»Na ja, wenn die beiden bei uns zu Hause sind, verschwinden sie einfach in Bens Zimmer und spielen ganz lieb miteinander. Da habe ich nichts dagegen. Und mir kommt er immer wirklich sehr höflich vor.«

»Und weißt du, womit die Jungs spielen?«

»Äh … nein. Ehrlich gesagt nicht. Ich denke mal, mit ihren Star-Wars-Sammelkarten.«

»HA, das glaubst du doch wohl selber nicht. So wie ich den Jungen einschätze, zeigt der unseren Söhnen Pornofilme auf seinem Smartphone. Das er bestimmt auch irgendwo geklaut oder erpresst hat – ich meine, welcher Sechsjährige aus prekären Verhältnissen hat denn bitte ein eigenes Telefon? Also ich setze wirklich alles daran, damit Leon sich an jemand anderem orientiert. Und DU solltest das auch tun, meine Liebe. Vielleicht sollten sich UNSERE Jungs ein bisschen häufiger treffen. Ohne Johnny.«

Tja, was soll ich sagen? Ich hätte ja nichts dagegen, aber Ben steht nicht so wirklich auf Leon, schon aus Eifersucht. Denn Johnny ist das Zentralgestirn, um das Ben und Leon kreisen, und da möchte natürlich jeder gern ein bisschen näher dran sein am Glanz und an der Herrlichkeit. Ich kann nicht behaupten, dass ich besonders begeistert darüber bin, dass sich Ben mit so viel Leidenschaft einem Jungen verschreibt, der seine Freundschaft möglicherweise nicht ganz so innig erwidert. Aber ich werde sie ihm sicher nicht verbieten. Und ich traue Johnny einiges zu, aber Pornofilme? Das glaube ich nicht.

Oder doch? Ich gebe zu, die Frage arbeitet ein bisschen

in mir. Ich frage Benni-Papa, ob ihm irgendetwas aufgefallen sei an unserem Sohn. Ob er auch das Gefühl habe, Ben sei vielleicht ein bisschen aufbrausender in letzter Zeit. Ob ihm die Bedeutung seiner neuen Lieblingsschimpfwörter möglicherweise doch bewusster ist, als wir so glauben. Ob es nicht ungewöhnlich sei, dass sich Johnny und Ben nach der Schule immer so schnell in Bens Kinderzimmer verdrücken, wo es dann auffallend still ist.

»Du spinnst!«, sagt Benni-Papa. »Und bevor du dir Sorgen machst: Warum fragst du Ben nicht einfach?«

Also gut, ich frage.

»Ben? Sag mal, wenn Johnny zu Besuch kommt, was macht ihr dann eigentlich immer in deinem Zimmer?«

»Nix.«

»Drei Stunden lang nichts? Kann ich mir nicht vorstellen, Ben. Ich wüsste gern, was ihr beiden da macht.«

»Spielen.«

»Ah, und was?«

»...«

»Ben? Macht ihr da irgendwas, was ich nicht wissen soll?«

»...«

»Ben, im Ernst, bitte sag mir, was ihr da macht.«

»Darf ich dir nicht sagen.«

»Sagt wer? Johnny?«

»Ja.«

»Und warum darf ich nicht wissen, was ihr da macht?«

»Weil ... weil du dann bestimmt schimpfst.«

Bens blaue Augen füllen sich mit Tränen. Er schnieft, und ich nehme ihn in den Arm. Also doch! Leon-Mama hat recht. Pornofilme! Auf dem Handy eines Sechsjährigen. Was mache ich denn jetzt? Mit Johnnys Mutter sprechen? Gleich das Jugendamt anrufen? Ben von der Schule nehmen, damit er an einer anderen Schule hoffentlich Kontakt zu weniger gestörten Kindern bekommt?

Mein Kopf füllt sich mit Sorgen, während ich den schluchzenden Ben tröste. Neidvoll denke ich an die Mädchenmütter in der Klasse. Was die so für Probleme haben! Lea-Mama hat Zoff mit HochbeGabi, weil Lea Tintenflecken in Luisas »Alle meine Freunde«-Buch gemacht hat, und Lea-Mama ist sauer auf Momo-Mama, weil Momo-Mama Momo zu Leas Geburtstagsparty gelassen hat, obwohl Momo eigentlich Läuse hatte und nun alle angesteckt hat. Momo-Mama hat sich neulich lang mit Lena-Mama darüber ausgetauscht, wie gemein es ist, dass sich Lena und Luisa ohne Momo zum »Bibi und Tina«-Gucken verabredet haben, obwohl sie ohnehin findet, dass die Mädchen noch viel zu jung sind, um ins Kino zu gehen. Und Lena-Mama ist wiederum sauer, dass Lea immer Lenas Radiergummis und Brotdosen und Farbkasten einsteckt, obwohl da doch überall dick und fett »Lena« und nicht »Lea« draufsteht, was ja nun selbst ein offensichtlich entwicklungsverzögertes Legasthenikerkind wie Lea langsam geschnallt haben müsste, und wenn Lea das tatsächlich nicht kapiert, dann hätte ja wenigstens die völlig bescheuerte Lea-Mama mal raffen können, dass ihre Tochter immer den Kram von anderen Kindern in ihrer Schultasche hat.

Deren Sorgen hätte ich gern!

Langsam beruhigt sich Ben, und ich sage: »Schatz, ist ja gut. Ich schimpfe nicht. Aber ich muss darüber mit Johnnys Mutter reden.«

»Nein, Mama, bitte nicht!«, schluchzt Ben.

»Jetzt beruhig dich, Schatz. Wir schlafen da jetzt alle erst mal drüber und reden morgen noch mal, ja?«

Kaum sind die Kinder im Bett, rufe ich Leon-Mama an und berichte von Bens tränenreichem Zusammenbruch. Gemeinsam überlegen wir, was zu tun ist: Als Erstes sollten wir wohl Johnnys Mutter informieren, dann die Schule, möglicherweise das Jugendamt. Und unsere traumatisierten Söhne? Mit denen sollten wir wohl ein Gespräch über Pornos führen und über Sex und dass Sex normalerweise nicht so aussieht wie in den Filmen, die sie da wohl gesehen haben, und dass diese Art von Filmen ganz bestimmt nicht für Sechsjährige gedacht ist. Und dass sie sich leider nicht mehr mit Johnny treffen können.

»Ob wir das alles therapeutisch aufarbeiten lassen sollten?«, barmt Leon-Mama. »Und mir tut am Ende ja auch der kleine Johnny leid. Wer weiß, ich habe schon lang die Vermutung, dass seine Mutter aus dem … na, du weißt schon … MILIEU kommt. Sie sieht jedenfalls so aus.«

»Du glaubst aber nicht, dass Johnny unseren Jungs Pornos zeigt, in denen seine Mutter mitspielt, oder?«

»Wer weiß, kann doch sein«, sagt Leon-Mama. »Lass uns gleich morgen früh treffen und überlegen, was zu tun ist.«

Kurz vor Mitternacht, als ich endlich das Licht ausmache, um mich einer sorgenvollen, schlaflosen Nacht hinzugeben, fragt mein Mann:

»Sag mal, bist du dir ganz sicher, dass Johnny Ben Pornos gezeigt hat?«

»Na, was denn sonst?«

»Ich meine, hat Ben wirklich GESAGT, dass er Pornos geguckt hat?«

»Ben hat gar nichts gesagt, sondern ist sofort in Tränen ausgebrochen. Vor Scham! Und aus Angst, ich könnte schimpfen, weil unser Sohn eben noch nicht komplett emotional verwahrlost ist wie dieser Strizzi und ganz genau weiß, dass er da etwas Verbotenes getan hat. Du hättest ihn sehen sollen. Er war völlig aufgelöst.«

»Aber er hat dir nicht genau gesagt, was er und Johnny da immer heimlich machen? Ich frage nur, weil du dir verdammt sicher sein solltest, dass du auch recht hast, bevor du in der Elternschaft, in der Schule und beim Jugendamt verbreitest, der sechsjährige Johnny würde anderen Kindern Pornos zeigen.«

Hm. Ein kleines unangenehmes Ziehen fährt mir in den Magen, denn wenn ich kurz darüber nachdenke, könnte es tatsächlich sein, dass Benni-Papa recht hat. Und jetzt habe ich schon mit Leon-Mama gesprochen! Und wenn die als Nächstes Heli-Helga anruft, wird Johnny morgen von einem SEK aus dem Unterricht geholt. O Gott!

Am nächsten Morgen sitze ich mit Ben am Frühstückstisch. Er ist noch sehr verschlafen und seine Abwehrmechanismen sind noch nicht aktiviert. Ich frage also:

»Ben? Sag mal, wegen der Sache mit Johnny. Es geht doch um die Filme, die er dir auf seinem Handy zeigt.«

»Hä? Was für Filme?«

»Na, die Filme mit den Nackideis, die vielleicht komische Sachen machen.«

»HÄ? Nackideis?«

»Okay, du weißt wirklich nicht, was ich meine?«

»Nein!«

»Gut, dann sagt mir jetzt bitte ganz ehrlich, WAS zum Henker du da mit Johnny immer im Kinderzimmer machst, was ich nicht wissen darf. Ich verspreche, ich schimpfe nicht. Aber ich muss das wissen, es ist sehr, sehr wichtig!«

Ben seufzt und rührt in seiner Schüssel mit Honigpops. »Es ist wegen der Star-Wars-Karten«, sagt er schließlich.

»Und was ist damit?«

»Na, wir gucken halt zusammen meine Sammelkarten durch. Und jetzt hab ich meine Karten alle Johnny gegeben.«

»Aha, und warum, Schatz?«

»Na, weil wir jetzt zusammen sammeln, also Leon, Johnny und ich. Johnny hat jetzt das Sammelheft und wir geben ihm immer unsere Karten. Zusammen bekommen wir das Heft schneller voll.«

»Verstehe. Und warum konntest du mir das gestern nicht sagen?«

»Weil ich dachte du schimpfst, wenn ich dir erzähle, dass ich die Karten alle weggegeben hab. Und Johnny hat gesagt, das ist ein Geheimnis, und ich darf nicht petzen.«

Ach, Ben! Du armer, kleiner, naiver, gutmütiger Schatz! Wenn du wüsstest, wie froh ich bin. Ich schicke Ben in die Schule und rufe sofort Leon-Mama an, um Entwarnung zu geben. Beziehungsweise um zu verhindern, dass die Mär von Porno-Johnny weiter die Runde macht. Leon-Mama verspricht, ihre drei Freundinnen anzurufen, denen sie die Geschichte gestern schon brühwarm weitergetratscht hat, um das Gerücht wieder einzufangen. Und ich schmiede einen Plan. Ben soll seine Sammelkarten zurückbekommen, ohne deshalb sein Gesicht und/oder gar seinen Freund zu verlieren.

Zum Glück kenne ich Johnnys Schwachstelle – unseren

Labrador Pupsi. Den liebt die kleine Kröte nämlich heiß und innig. Bevor er sich mit Ben ins Kinderzimmer verkrümelt, um ihm da seine Star-Wars-Karten abzuluchsen, widmet er sich erst mal ausgiebig unserem Hund – krault ihm den Bauch und lässt ihn »Sitz« und »Platz« machen (mehr kann Pupsi eh nicht). Pupsi erwidert Johnnys Liebe augenscheinlich, denn unser Hund ist durchaus wählerisch und leckt nicht jedem sechsjährigen Ganoven ausgiebig die Hand ab.

Drei Tage später, als Ben am Nachmittag Schach-AG hat, passe ich Johnny auf dem Nachhauseweg ab. Der stutzt erst kurz, als er mich sieht, dann sagt er höflich guten Tag.

»Tag, Johnny. Gut, dass ich dich treffe, ich möchte was mit dir besprechen.«

»Mit mir? Echt?«

»Ja, echt.«

»Auch eine?« Johnny hält mir eine Packung Schokozigaretten entgegen und schaut mich mit unschuldigen Dackelaugen an.

»Nee, Johnny, nett von dir. Hör mal, du kommst doch gern zu uns nach Hause, oder?«

»Klar.«

»Ben freut sich immer, wenn du bei uns bist. Er ist ein ziemlich guter Freund, findest du nicht?«

»Jo.«

»Ein sehr großzügiger Freund. Ich höre, ihr interessiert euch gerade sehr für Star-Wars-Sammelkarten.«

»Hmhm.«

»Ben hat mir erzählt, dass ihr jetzt zusammen sammelt.«

»Hmhm.«

»Darf ich mal fragen, wie hoch dein Anteil an dieser Sammlung ist?«

»Na, ich pass darauf auf.«

»Aha, du hast keine eigenen Sammelkarten, aber passt jetzt auf die von Ben und Leon auf?«

»Ja.«

Johnny hat offenbar begriffen, dass dieses Gespräch keine besonders erfreulich Wendung nehmen könnte und wird ein bisschen zappelig.

»Und warum kaufst du dir keine eigenen Sammelkarten?«

»...«

»Bekommst du kein Taschengeld?«

»Nee.«

»Und woher hast du dann immer die Schokozigaretten?«

»Die klau ich meinem Bruder. Und der klaut sie am Kiosk hinterm Marktplatz.«

»Verstehe. Ich will dir einen Vorschlag machen: Du könntest für mich arbeiten.«

»Aha.«

»Du magst doch unseren Hund, oder?«

»Ja.«

»Das sehe ich. Und ich glaube, dass du ein gutes Händchen für Hunde hast. Ich möchte dir vorschlagen, dass du jetzt regelmäßig einmal die Woche nach der Schule zu uns kommst und zusammen mit Ben Pupsi eine halbe Stunde Gassi führst. Dafür bekommen Ben und du jeweils zwei Euro.«

»Echt?«

»Echt. Aber Johnny: Wenn ich mitbekomme, dass du meinen Sohn noch ein einziges Mal bescheißt oder ihm seine Sammelkarten abluchst oder seine Freundschaft ausnutzt, dann stirbt unser kleiner Deal. Verstanden?«

»Verstanden.«

»Was übrigens auch sehr schnell stirbt, ist eine Freundschaft, wenn man plötzlich kapiert, dass man von seinem vermeintlich besten Freund beschissen worden ist. Ben ist nämlich nicht blöd. Kapiert?«

»Kapiert.«

»Wusstest du, dass ich einen schwarzen Gürtel in Karate habe?« (Okay, diese Mitteilung war möglicherweise unnötig, aber ich habe es hier ja mit einem Kleinkriminellen zu tun, da muss man alle Register ziehen.)

»Na, macht ja nichts«, kontert Johnny.

»Aha. Gut. Was ich damit sagen wollte: Das Star-Wars-Sammelalbum ist bei uns wirklich in Sicherheit, du kannst Ben seine Karten also gefahrlos zurückgeben und dir in Zukunft einfach selbst welche kaufen. Capito?«

»Yes, Ma'am.«

Johnny und ich geben uns mit ernsten Mienen die Hand. Geht doch nichts über Ganovenehre. Und über die herzerweichende Anziehungskraft eines Labradors.

Fürchtet euch nicht?
Von wegen!

Weihnachtsfeiern sind der Horror, vor allem, wenn die Eltern das Krippenspiel aufführen

Wenn ich irgendwann zum Wohle der Menschheit die Weltherrschaft an mich reiße, wird eine meiner ersten Verfügungen sein: Nieder mit dem Advent! Die vier Wochen vor Weihnachten, die ja eigentlich die besinnlichste und gemütlichste Zeit im Jahr sein sollten, sind doch in Wahrheit eine einzige Aneinanderreihung von Stressfaktoren: Zwei Adventskalender müssen rechtzeitig bestückt werden, und da Ben mit Argusaugen darauf achtet, dass seine kleine Schwester Hannah bloß nichts Tolleres bekommt als er, muss zur Streitvermeidung für beide Kinder ungefähr das Gleiche im Säckchen sein. Oder wenigstens etwas mit ähnlichem Coolnessfaktor, wobei sich die Definition von cool zwischen einem zweijährigen Mädchen und einem sechsjährigen Jungen doch stark unterscheidet. Sind zwei Glitzerklebetattoos ungefähr gleichwertig mit einem Matchboxauto?

»UNGERECHT!«, schreit Ben, als er am zweiten Dezember sein Auto auspackt. »Hannah hat zwei und ich nur eins!«

»AUTO HAABN!«, schreit Hannah, die Glitzerklebetattoos auf einmal doch nicht mehr interessant findet.

Nächstes Jahr gibt es einfach konsequent Süßigkeiten, basta!

Der nächste Stressfaktor sind die Geschenke. Ben arbeitet täglich Lego- und Playmo-Kataloge durch und gibt präzise Anweisungen, was der Weihnachtsmann und das Christkind gefälligst zu besorgen haben, ahnend, dass am Ende wir es sind, die die Geschenke organisieren, ganz ohne die Hilfe von himmlischen Mächten. Für meine Mutter – dem letzten verblieben Großelternteil – muss ein aufwendiger Fotokalender mit Kinderfotos gestaltet werden, Geschenkepäckchen für vier Patenkinder müssen gepackt und verschickt werden, und Ben mahnt maulend ein Mindestmaß an weihnachtlicher Wohnungsdekoration an, »weil bei Leon zu Hause ist alles schon voll schön geschmückt, und wir haben ja nur so einen Popeladventskranz«.

Also gut, ich kaufe Glanzpapier und versuche, mit den Kindern ein paar Sterne zu basteln, die ich in die Fenster hängen will, was mir trotz vorherigen Ansehens diverser YouTube-Bastel-Tutorials nicht so recht gelingen mag. Davon bekomme ich schlechte Laune, Ben einen Wutanfall, und während ich Ben beruhige, schmiert sich Hannah eine halbe Tube UHU in die Haare. Am Ende haben wir viele Schnipsel und viele Kleberpfützen, aber keinen einzigen annehmbaren Stern produziert.

»Dann will ich jetzt aber wenigstens Kekse backen!«, schimpft Ben, und ich gebe erschöpft ab an Benni-Papa, der bei uns fürs Backen zuständig ist.

Denn es gibt ja noch einen weiteren Stressfaktor: Die diversen Weihnachtsfeiern der Kinder! Eine in Hannahs Kinderturngruppe, eine in Hannahs Kindergarten, eine Weihnachtsfeier der Hausgemeinschaft unseres Miethauses und eine in der Schule. Keine Ahnung, warum die

Kinder das nicht einfach im Klassenverbund erledigen können und unbedingt noch alle Eltern mit dazu eingeladen werden müssen, aber was soll's. Ich nehme an, die Kinder werden ein Krippenspiel aufführen, und das ist ja vielleicht ganz niedlich.

Doch dann kommt der Anruf von Heli-Helga: »Meine Liebe, wir müssen eine Elternversammlung einberufen. Ich habe gerade einen Anruf von Frau Horst bekommen, und stell dir vor: Wir Eltern sollen in diesem Jahr das Krippenspiel aufführen.«

»Bitte was?«

»Ja, Frau Horst sagt, die Religionslehrerin sei nun schon seit drei Monaten krankgeschrieben, es gäbe also in diesem Jahr kein Krippenspiel an der Schule. Sie selbst würde mit den Kindern Lieder und Gedichte einstudieren, und das müsste reichen. Aber das konnte ich so natürlich nicht stehenlassen. Kein Krippenspiel! Wo gibt es denn so was? Da habe ich vorgeschlagen, dass dieses Jahr wir Eltern das Krippenspiel aufführen. Das ist doch auch schön für die Gemeinschaft, meinst du nicht?«

»Äh, na ja, ich …«

»Nun lass mich nicht hängen, du bist immerhin meine Stellvertreterin. In drei Tagen treffen wir uns bei mir, ich trommle alle Eltern zusammen, und dann stellen wir was richtig Schönes auf die Beine. Denk nur, wie sehr die Kinder sich freuen werden!«

O ja, die Kinder werden sich RIESIG freuen, wenn wir Eltern uns mal wieder zum Affen machen. Ich finde ja eigentlich, dass ich nach meinem gloriosen Auftritt beim Elternhindernislauf einen guthabe und mich dieses Mal dezent im Hintergrund aufhalten dürfen sollte, aber Amt ist Amt, und so tapere ich drei Tage später zur Elternversammlung in Heli-Helgas Wohnzimmer.

Die beiden Waldis, Theo-Papa, Proll-Jenny, HochbeGabi und Lena-Mama sitzen schon um den großen Esstisch und stopfen sich Salzstangen und Toffifee in den Mund. Keine Ahnung, wie Heli-Helga es geschafft hat, so viele Eltern zu mobilisieren, aber ich will mich mal nicht beklagen: Je mehr freiwillig bei diesem Krippenspiel mitmachen, umso größer ist meine Chance, ohne tragende Rolle davonzukommen.

»Schön, dass ihr alle gekommen seid, ich fürchte, der Rest der Elternschaft drückt sich heute Abend«, eröffnet Heli-Helga. »Jetzt kann ich ja auch verraten, worum es geht: Wir müssen ein Krippenspiel für die Weihnachtsfeier einstudieren. Und wenn ich mal so durchzähle, kommen wir genau hin: Maria und Joseph, zwei Hirten, ein Engel und drei heilige Könige – passt!«

Allgemeines Entsetzen am Tisch – offenbar hat Heli-Helga die anderen unter Vorspiegelung falscher Tatsachen zu sich nach Hause gelockt.

»Entschuldige, aber du hattest am Telefon gesagt, es gäbe etwas Wichtiges zu besprechen. Von einem Krippenspiel war nicht die Rede. Ich dachte, wir reden hier über die Hausaufgabenproblematik oder über die Einbindung digitaler Medien in den Unterricht«, sagt Theo-Papa gereizt.

»Oder endlich mal über die Umgestaltung des Klassenraums«, sagt Momo-Papa.

»Was'n für'n Krippenspiel überhaupt?«, fragt Proll-Jenny und wickelt sich ihren Kaugummi um den kleinen Finger. »Und kann ich vielleicht mal 'nen Sekt bekommen oder so was? Du hast gesagt, du besorgst was zu trinken.«

»Frau Horst hat mich gebeten, in diesem Jahr mit den Eltern ein Krippenspiel auf die Beine zu stellen, denn durch den krankheitsbedingten Wegfall des Religionsunterrichts kommt die Heranführung an christliche Traditionen derzeit deutlich zu kurz an der Astrid-Lindgren-Grundschule. Diesen Mangel müssen wir nun ausgleichen, das ist der ausdrückliche Wunsch der Klassenlehrerin unserer Kinder. Und ihr wollt ihr diesen Wunsch doch nicht etwa abschlagen – so kurz vor den Halbjahreszeugnissen?«, sagt Heli-Helga siegesgewiss.

Und tatsächlich, das will keiner. Ich könnte jetzt natürlich petzen, dass es mitnichten der Wunsch von Frau Horst, sondern einzig und allein Heli-Helgas Vorschlag war, überhaupt ein Krippenspiel aufzuführen, aber ich wollte ja üben, einfach mal die Klappe zu halten.

»Also, wenn wir schon ein Krippenspiel aufführen, dann sollten wir es aber ein bisschen von all dem religiösen Ballast befreien, findet ihr nicht?«, fragt Lena-Mama. »Ich meine, man kann das doch auch moderner erzählen, gerade jetzt, da so viele Flüchtlinge zu uns kommen, da bietet sich das ja geradezu an.«

»Finde ich eine tolle Idee. Und ich denke auch, dieser ganze christliche Überbau muss gar nicht sein«, sagt Momo-Mama. »Mir kommen da auch schon echt gute Ideen für die Kostüme. Und die Kulisse. Maria und Joseph bekommen das Kind in einer zur Notunterkunft umfunktionierten Turnhalle. Statt dem Stern von Bethlehem weist Google Maps den heiligen drei Königen den Weg. Das ist doch ganz nah dran an unserer heutigen Zeit.«

»Ihr tickt doch nicht ganz sauber. Krippenspiel ohne christlichen Überbau – geht's noch? Weihnachten ist nun

137

mal ein christliches Fest«, wirft Theo-Papa ein. »Also wenn schon, dann bitte ein klassisches Stück.«

»Aber wirklich. Dieser vorauseilende Gehorsam, alles, was unsere christlich-abendländische Kultur ausmacht zu negieren, nur um auch ja alle mitzunehmen und keine Flüchtlinge vor den Kopf zu stoßen – nein, da mach ich nicht mit!«, sagt HochbeGabi.

»Vielleicht finden wir ja einen Kompromiss«, sage ich zaghaft. »Klassisches Krippenspiel mit etwas modernisiertem Text? Ich möchte übrigens bitte wirklich keine große Rolle. Ich war doch schon beim Elternhindernislauf dran. Ich möchte gerne einen stumm staunenden Hirten spielen oder so.«

»Also, ich möchte der Engel sein. Ich finde, das passt auch am besten zu mir«, sagt Heli-Helga fröhlich.

»Na, dann können unsere beiden Turteltäubchen hier ja auch gleich Maria und Joseph übernehmen«, sagt Lena-Mama in Richtung der beiden Waldis. »Ich spiel dann den zweiten Hirten und staune auch möglichst stumm.«

HochbeGabi, Theo-Papa und Proll-Jenny haben damit schon die Rollen der heiligen drei Könige geschossen.

»Menno, ich will auch ein Engel sein«, mault Proll-Jenny und bearbeitet ihren Kaugummi.

»Meinetwegen mach ich einen König. Aber ich spiele NICHT den Schwarzen!«, sagt HochbeGabi.

»Na dann nehm ich den halt«, sagt Proll-Jenny. »Ich seh auch echt sexy aus in Schwarz.«

»Moment mal, ihr wollt euch doch nicht ernsthaft das Gesicht schwarz anmalen, oder? Noch nie was von Blackfacing gehört? Das ist rassistisch!«, sagt Momo-Papa empört.

Und dann diskutieren wir eine Weile, welcher von den drei Königen eigentlich genau der Schwarze war, und ob sich Proll-Jenny nun das Gesicht schwarz anmalen soll, oder ob ihr solariumgebräunter Hautton nicht schon ausreichend dunkel ist, oder ob dieser Gedanke nicht genauso rassistisch ist wie Blackfacing.

Theo-Papa, der die ganze Zeit nur kopfschüttelnd am Tisch saß und auf seinem Telefon rumgewischt hat, fügt sich schließlich in seine Rolle als heiliger König aus dem Morgenland. Auch, weil Heli-Helga verspricht, sich einen Text auszudenken und in ihrer Rolle als Engel zugleich als Erzählerin zu fungieren und uns quasi durch das Krippenspiel hindurchzuleiten. Wir könnten einfach ein wenig improvisieren und müssten gar nicht viel sagen.

»Sag mal, habt ihr nicht einen Hund?«, fragt mich Lena-Mama.

»Ja, warum fragst du?«

»Na, das wäre doch schön, wenn der auch mitspielen würde. Als Ochse oder Esel oder Schaf. Meint ihr nicht? Und die Kinder würden sich bestimmt soooo freuen, wenn mal ein Tier in der Klasse wäre. Ich bin ja ohnehin für ein Klassenkaninchen oder wenigstens ein Aquarium. Man glaubt ja nicht, wie wichtig Tiere für Kinder sind.«

»Au ja, bring den Köter mit!«, ruft Proll-Jenny.

»Also, Momo hat ja wirklich sehr große Angst vor Hunden«, merkt Momo-Mama an, aber Lena-Mama sagt, dass das vielleicht auch eine gute Gelegenheit wäre, diese Angst zu überwinden, und HochbeGabi erinnert daran, dass wir immerhin schon einen bellenden Autisten in der Klasse hätten, Momo also schon ein bisschen abgehärtet sein müsste.

Ich verspreche, Pupsi mitzubringen, warne aber davor, sich allzu große Hoffnungen zu machen, was sein schauspielerisches Talent betrifft. Allenfalls könnte er eine kleine Rolle als schwarzes Schaf übernehmen, für einen Esel oder gar einen Ochsen wird es wohl nicht reichen.

Muss ich erwähnen, wie überaus aufgeregt und glücklich Ben war, als ich ihm erzählt habe, dass Pupsi mit darf zur Weihnachtsfeier? Benni-Papa hält das Ganze zwar für keine gute Idee, schon weil unser Labrador seinen Namen zu Recht trägt und mit Zweitnamen eigentlich Kotzi heißen müsste. Aber er will Ben auch nicht den Spaß verderben. Und so marschieren wir ein paar Tage später mit Hannah und Pupsi in die Astrid-Lindgren-Schule, wo Frau Horst zusammen mit dem Referendar und den Kindern das Klassenzimmer weihnachtlich geschmückt hat. Auf den zu kleinen Gruppen zusammengeschobenen Tischen liegen Teller mit Lebkuchen und Spekulatius, vorne auf dem Lehrerpult brennen sogar drei Kerzen an einem Adventskranz. Ben begrüßt uns aufgeregt und erklärt, dass es gleich losgeht mit dem Programm, dann schnappt er sich Pupsi und lässt ihn Sitz machen, so dass alle seine Klassenkameraden ihm mal über den Kopf streicheln können, was Pupsi mit großer Gelassenheit über sich ergehen lässt.

»Gut, dass du da bist!«, ruft hinter mir eine Stimme, und als ich mich umdrehe, sehe ich Heli-Helga, in einen weißen Umhang gehüllt, mit umgeschnallten Engelsflügeln auf dem Rücken und einem Kranz aus goldener Bastelfolie im Haar. »Es ist alles vorbereitet, alles fertig, ich habe auch noch ein schönes Kostüm für dich gemacht. Aber wir haben ja DAS WICHTIGSTE vergessen.«

»Was denn?«

»Na, das Jesuskind«, stöhnt Heli-Helga verzagt. »Ich wollte eigentlich eine Puppe besorgen, aber ich hab es einfach vergessen. Mein Gott, was machen wir denn jetzt?«

»Ist doch nicht so schlimm«, sage ich. »Sollen sich eben alle vorstellen, dass da ein Jesuskind liegt.«

»Vorstellen? Nein, das geht nicht. Hat denn nicht irgendwer noch ein Baby, das er mir leihen könnte? Was ist mit deiner Tochter?«

»Hannah? Die ist schon zwei, von einem Baby kann keine Rede mehr sein.«

»Egal, sie ist klein genug«, sagt Heli-Helga. »Die kleine Hannah wird unser Jesuskind, das wird doch toll für sie!«

Ja, ganz toll. Aber jetzt geht erst mal das Programm der Kinder los. Frau Horst bittet alle Eltern, sich auf die kleinen Stühlchen zu setzen, Benni-Papa schnappt sich Pupsi, der von den Kindern offenbar schon den ein oder anderen Lebkuchen abgestaubt hat. Und dann lauschen wir, wie die Kinder jeweils in Dreiergruppen verschiedene Gedichte aufsagen. Leon, Johnny und Ben sind auch eine Gruppe, sie knuffen und puffen sich gegenseitig, während sie Christian Morgensterns Gedicht von den drei Spatzen aufsagen – und wie sie da so vorne stehen, aufgeregt und hibbelig, da finde ich sie alle drei wahnsinnig süß.

Dann singen die Kinder noch »O du fröhliche«, Asperger-Basti schlägt den Takt mit zwei Klanghölzern – und das deutlich präziser, als die Kinder singen. Luisa spielt zur Begleitung auf der Geige, und HochbeGabi kann gar nicht aufhören, begeistert Fotos von ihrer Tochter zu machen. Dann sagt Frau Horst noch ein paar freundliche Worte, lobt die Kinder, die ihr erstes Halbjahr in der Schule wirklich toll gemeistert hätten, einander Freunde und Kameraden geworden wären und auch gut gelernt hätten, ihre Streitigkeiten friedlich miteinander auszutragen. Sie bittet darum, den Kindern nun auch ihre verdienten Weihnachtsferien zu gönnen und sie nicht zu zwingen, in den Arbeitsbüchern weiterzuarbeiten, die kleinen Kinderhirne bräuchten nun auch mal eine Pause – ein Satz, bei dem HochbeGabi höhnisch das Gesicht verzieht.

»Und nun freue ich mich, dass auf Ihre Initiative hin doch noch ein Krippenspiel zur Aufführung kommt. Ich glaube, unsere sehr engagierte Elternvertreterin hat schon alles vorbereitet, ich bitte nun alle, mir in die Aula zu folgen.«

Und tatsächlich, in der Aula hat Heli-Helga mit ein paar Decken, Kartons, Tafeln und Kartenständern so etwas wie einen Stall gebaut – oder vielleicht besser eine Slum-Hütte. In der Mitte der Hütte ein altes Kinderreisebett, offenbar als Krippenersatz. Hinter dem Bühnenbild wartet Heli-Helga und winkt uns Darsteller hektisch zu sich.

»Hier eure Kostüme, ich hatte zum Glück noch genug alte Kartoffelsäcke im Keller. Das sind doch perfekte Hirtenumhänge. Und euch Königen habe ich extra noch je einen Turban aus Handtüchern und Goldlack gebastelt«, sagt sie stolz. Ich ziehe mir schicksalsergeben den alten Kartoffelsack über den Kopf, Lena-Mama macht es mir nach und kichert dabei irre, die drei Könige setzen sich lustlos ihre Turbane auf, nur Proll-Jenny meckert ein bisschen, dass sie sich extra die Haare hochgesteckt habe und jetzt die ganze Arbeit umsonst gewesen sei.

Die beiden Waldis sind schon von vornherein in sehr rustikal wirkenden Leinen-Outfits erschienen, brauchen also gar kein extra Kostüm. Zum Glück hat Heli-Helga an einen gewaltigen Umschnallbauch gedacht, den sich Momo-Mama unter ihren Leinenumhang wurschtelt.

»Und ich hab euch noch je einen Rollkoffer mitgebracht«, sagt Heli-Helga. »Die Flüchtlinge heute haben ja auch alle Rollkoffer, das macht das Ganze noch viel authentischer.«

Hannah setze ich in das Babyreisebett und drücke ihr mein Handy in die Hand, damit sie beschäftigt ist und möglichst keine Geräusche von sich gibt. Und Pupsi, der in einer der hinteren Stuhlreihen brav neben Benni-Papas Beinen liegt, hole ich auch, denn er soll ja wenigstens einen Hirtenhund spielen.

»Ihr improvisiert einfach ein bisschen auf meinen Text«, sagt Heli-Helga. »Dann kann gar nichts schiefgehen.«

Das Licht in der Aula wird ausgeschaltet, nur das Bühnenlicht bleibt an. Heli-Helga hat sich mit huldvollem Lächeln an den Rand der Bühne gestellt, ein großes, mit goldener Glitzerfolie eingeschlagenes Buch aufgeklappt, und beginnt:

»Es waren einmal zwei arme Menschen, die hießen Maria und Joseph. Die mussten ihr Zuhause verlassen, denn es tobte ein entsetzlicher Bürgerkrieg in ihrem Land. Sie waren sehr arm und sehr erschöpft, und Maria war schwanger.«

Ein eindringlicher Blick von Heli-Helga bedeutet den beiden Waldis, dass nun ihr Auftritt kommt. Gebückt und die Rollkoffer hinter sich herziehend betreten sie die Bühne – wahrlich, ein Bild des Jammers.

»Wir sind so arm, so arm!«, ruft Momo-Papa.

»Und ich bin ja auch noch schwanger«, sagt Momo-Mama jammervoll und hält sich den dicken Schaumstoffbauch. »Mein Kind kommt bald, wo soll ich es nur gebären?«

Heli-Helga blättert eine Seite in ihrem goldenen Buch um und spricht dann weiter ins Publikum: »Durch viele Länder waren sie schon gezogen, von Flüchtlingslager zu Flüchtlingslager, doch nirgends fanden sie einen Platz. Doch endlich, am Rand der kleinen Stadt Bethelheim kamen sie zu dieser einfachen Hütte. Hier konnte Maria ihr Kind gebären.«

»Oh, oh, lieber Joseph, das Kind kommt. Aua, aua«, ruft Momo-Mama.

»Schatz, ich bin ja bei dir. Leg dich mal hier hin. Oder willst du lieber im Hocken? Oder im Vierfüßlerstand? Schön einatmen … ausatmen. So, und jetzt PRESSEN!«, ruft Momo-Papa, ganz in seiner Rolle als werdender Vater aufgehend.

Kaum hört Maria auf zu stöhnen, guckt Hannah über den Rand des Reisebettchens und quakt ein fröhliches »Kackwurst!« ins Publikum, was die Schulkinder natürlich zum Brüllen lustig finden.

»Unser kleines Jesulein ist da!«, rufen die Waldis im Chor. Applaus brandet auf, Hannah findet das alles natürlich großartig und klatscht auch begeistert in die Händchen.

Heli-Helga fährt fort: »Ganz in der Nähe der Stadt Bethelheim, auf einer Weide, da saßen zwei Schäfer, die ihre Schafe hüteten.«

Lena-Mama und ich tapern mit Pupsi an der kurzen Leine auf die Bühne. Zum Glück müssen wir gar nichts improvisieren, denn Heli-Helga erzählt weiter: »Ihnen erschien ein Engel – also ich – und sprach: ›Fürchtet euch nicht!‹«

In diesem Moment fängt Pupsi neben mir an zu würgen und kotzt eine kleine schleimige Pfütze aus halbverdauten Lebkuchen auf die Bühne.

»Iiihhhh!«, kreischen die Kinder, Benni-Papa hat sein Gesicht in die Hände gestützt und versucht offenbar krampfhaft, einen Lachanfall zu unterdrücken. Pupsi beginnt damit, die kleine Kotzpfütze gierig wieder aufzuschlabbern, was bei den Kindern zu noch lauteren »Iiihhhh!«-Rufen führt. Doch Heli-Helga, Bühnenprofi durch und durch, tut einfach so, als sei nichts geschehen und spricht weiter.

»Fürchtet euch nicht, denn ich habe eine echt coole Neuigkeit für euch: Euch ist heute der Heiland geboren! Ihr findet ihn da hinten, in Bethelheim, in einer Hütte. Gehet hin und betet ihn an!«

»Alles klar, machen wir!«, ruft Lena-Mama. Und ich gebe einfach weiter den stumm staunenden Hirten und halte meine Klappe.

»Die frohe Botschaft hörten auch drei sehr wichtige Politiker aus dem Nahen Osten!«, fährt Heli-Helga fort. »Auch sie kamen nach Bethelheim, um sich diesen kleinen Jesus mal anzusehen. Sie brachten auch Geschenke mit.«

Proll-Jenny, Theo-Papa und HochbeGabi tippeln auf die Bühne. Doch noch bevor sie irgendetwas sagen können, höre ich die Melodie von ABBAs »Dancing Queen« – meinen Handyklingelton. Hatte ich das Gerät etwa nicht ausgemacht oder wenigstens auf lautlos gestellt, bevor ich es Hannah zum Spielen gegeben habe? Offenbar nicht. Hannah findet auch sofort die richtige Taste, nimmt den Anruf an und stellt auf Lautsprecher.

»Hallo?«, höre ich die Stimme meiner Mutter.

»Oma! Hallo! Gut?«, quakt Hannah ins Telefon und der ganze Saal bricht in schallendes Gelächter aus.

»Hallo?«, ruft meine Mutter durchs Telefon. »Hannah-Schatz, wo bist du denn? Wo ist denn die Mama? Hannah? Ja, sag mal, wo bist du denn? Hallo?«

»Ist das jetzt Gott oder was?«, fragt Momo.

»Kackwurst!«, sagt Hannah noch, bevor ich ihr das Telefon aus den Fingern winden und den Anruf mit meiner Mutter beenden kann.

»Ja, da ist unsere Geschichte auch schon zu Ende«, sagt Heli-Helga säuerlich. Wir haben ihr ganz schön die Tour vermasselt, aber die Kinder klatschen begeistert. Benni-Papa und noch ein paar andere Eltern wischen sich die Lachtränen aus dem Gesicht, und auch Frau Horst sieht hochzufrieden aus. Zu meinem Entsetzen bemerke ich, dass der junge Referendar Herr Soltau alles mit seinem Handy gefilmt hat und unser Krippenspiel wahrscheinlich schon jetzt irgendwo auf YouTube als peinlichster Elternbeitrag zu einer Schulweihnachtsfeier aller Zeiten Furore macht.

»Arme Oma«, sagt Ben, als wir nach Hause gehen. »Die macht sich jetzt bestimmt Sorgen.«

»Das sollte sie auch«, sagt Benni-Papa, immer noch kichernd. »Und zwar um eure Allgemeinbildung. Denn ich bin zwar nicht besonders bibelfest, aber dass dieses Krippenspiel wirklich sehr weit weg war vom Original – das merke sogar ich.«

»Aber ist dir was aufgefallen, Liebster?«, frage ich meinen Mann.

»Was denn?«

»Ich habe nicht einen Ton gesagt. Gar keinen. Ich hatte zwar einen Kartoffelsack an und einen kotzenden Hund an der Leine und mein Telefon habe ich offenbar auch nicht im Griff – aber hey: Ich habe die Klappe gehalten! Nichts gesagt! So wie du es dir immer von mir wünschst.«

»Ich bin sehr stolz auf dich«, sagt Benni-Papa. »Eine echte Premium-Mutti mit einem Premium-Hund. Und einem zweijährigen Premium-Jesulein, das auch als Antichrist eine sehr gute Figur abgeben würde.«

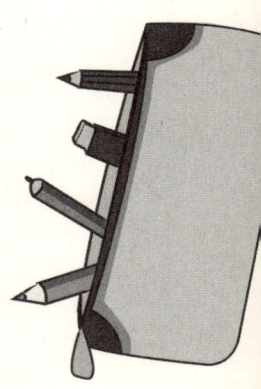

Setzen! Sechs!

Was Halbjahreszeugnisse
mit Blümchen und fleißigen Bienchen
zu tun haben

Man glaubt ja gar nicht, wie viel Zeit man als Eltern in der Schule seiner Kinder verbringt. Kaum ist die Weihnachtsfeier überstanden, und wir alle konnten uns über die Feiertage ein wenig von allem erholen, steht das nächste Event an: die feierliche Übergabe der Halbjahreszeugnisse. Ich kann mich nicht daran erinnern, dass das zu meiner Schulzeit die Anwesenheit meiner Eltern erfordert hätte, aber gut, ich will mich nicht beklagen. Das Ganze findet am späten Vormittag statt, da geht Benni-Papa natürlich noch arbeiten, Hannah ist in der Kita und ich – die zeitlich superflexible Freiberuflermutti – habe die Chance auf einen schönen »Mama und Ben«-Nachmittag. Nach der Zeugnisübergabe könnten wir Pizza essen gehen und das gelungene erste Halbjahr in der Schule feiern. Wobei – noch habe ich nicht wirklich eine Vorstellung davon, ob dieses Halbjahr schulisch gesehen wirklich gelungen ist. Ben erzählt mir ja nicht so wahnsinnig viel. Und ich kann auch nicht verhehlen, dass ich ab und zu etwas nervös werde, wenn ich die anderen Mütter so reden höre.

»Mein Theo ist ja gar nicht mehr von seinen Büchern wegzubekommen. Ich muss ihn richtig bremsen. Er liest mir jetzt jeden Abend mindestens vier Seiten vor.«

»Luisa hat schon den ersten Harry Potter durch.«

»Wenn ich die Briefe lese, die mir mein Gustav so schreibt, also da geht mir wirklich das Herz auf.«

»Mein Gott, wir können ja gar nicht mehr in Ruhe Auto fahren, Sophie liest alle Autokennzeichen laut vor und addiert die Ziffern, ich musste ihr jetzt so ein Sudoku-Rätselheft besorgen, das Kind ist ja ganz verrückt nach Zahlen.«

»Max ist so gelangweilt in Mathe, rechnen bis zwanzig – das konnte er doch schon im Kindergarten. Er lernt schon mal das Einmaleins.«

Und Ben? Lässt sich nach wie vor am allerliebsten vorlesen und enträtselt nur nach großem Bitten und Betteln hier und da mal ein Wort selber. Wenn ich ihm Rechenaufgaben stelle, verdreht er nur die Augen. Ich fürchte, die Uhr kann er auch noch nicht wirklich lesen. Und Schnürsenkel binden auch noch nicht (ist aber auch schwierig, wenn es fast überhaupt keine Kinderschuhe ohne Klettverschluss gibt …). Wenn ich ihn frage, was er in der Schule am liebsten macht, dann antwortet er – wenn überhaupt –: Sport. Und als Nächstes: Malen. Für Mathe und Deutsch hat er nicht ganz so viel übrig, was ich persönlich zwar verstehen kann, mich aber trotzdem nicht völlig kaltlässt.

Und dann also der Tag der Zeugnisübergabe. Die erste ganz offizielle Bewertung meines Kindes, wenn ich den unsäglichen Termin bei der furchtbaren Schulärztin mal außen vor lasse. Ich kann nur hoffen, dass Frau Horst es gut meint mit Ben und sieht, was für ein wunderbarer kleiner Kerl er ist, auch wenn er noch nicht Harry Potter liest.

Die Klassenzimmertür ist noch geschlossen, vor der Tür auf dem Gang stehen aber schon einige nervöse Eltern herum und warten darauf, eingelassen zu werden. Ich geselle mich zu Momo-Mama, die unglücklich und gestresst zugleich aussieht.

»Na? Aufgeregt?«, frage ich.

»Ach, na ja. Ein bisschen. Das sind eben die Momente, in denen ich schon bereue, Momo nicht auf der Waldorfschule zu haben. Dieser ganze Druck … Ich meine, wird mein Kind hier auch wirklich gesehen? Mit allen Facetten seiner Persönlichkeit? Momo ist so phantasievoll und kreativ, und ich habe Angst, dass es hier nur um Leistung geht.«

»Ach komm, das ist doch nur ein Halbjahreszeugnis. Was soll schon sein? Ich glaube, wir Mütter machen uns viel mehr Stress deswegen als die Kinder.«

»Meinst du? Ach ich weiß nicht. Ich mache ja gerade eine Weiterbildung zur Tanztherapeutin und habe schon überlegt, ob man nicht einiges davon in den Unterricht einbauen könnte. Weißt du? Kurze Tanzeinlagen zwischendurch, freie, fließende Bewegungen – das baut Stress und Spannungen ab und aktiviert auch die Hirnareale, die fürs Langzeitgedächtnis zuständig sind. Glaubst du, Frau Horst wäre offen für so was?«

»Puh, äh …«

Zum Glück muss ich diese Frage nicht mehr beantworten, denn nun öffnet sich die Tür zum Klassenraum, und Frau Horst bittet uns herein. Vorne in einem Halbrund sitzen alle Kinder der 1b auf ihren kleinen Stühlchen, während wir uns auf die Plätze an den Tischen setzen sollen.

»Liebe Eltern«, sagt Frau Horst. »Schauen Sie sich doch mal diese phantastischen Kinder hier an. Ich kenne sie jetzt seit einem halben Jahr und kann Ihnen versichern: Die machen das alles wirklich prima! Strengen sich an, helfen einander, arbeiten kameradschaftlich zusammen, sind kreativ, haben tolle Ideen. Schlagen manchmal ein bisschen über die Stränge, aber das muss auch so sein, es sind ja schließlich Kinder und keine Roboter. Ich kann also sagen: Ihre Söhne und Töchter machen hier einen wirklich phantastischen Job.«

Stolzes Aufatmen und Grinsen in der Elternschaft – so etwas hört man natürlich gern.

»Aber wissen Sie, wer hier keinen besonders guten Job macht?«, fragt Frau Horst. »Sie!«

Schlagartig fällt uns allen das stolze Grinsen aus dem Gesicht. »Sie alle müssen sich noch ein bisschen mehr anstrengen. Und zwar darin, Ihren Kindern etwas zuzutrauen. Sie müssen Ihrem Kind wirklich nur ein Pausenbrot schmieren und es rechtzeitig auf den Weg in Richtung Schule schicken. Alles andere können Ihre Söhne und Töchter allein: Schultasche packen, Stifte anspitzen, den Weg zur Schule finden, den Weg ins Klassenzimmer finden, Lesen, Schreiben und Rechnen lernen, kleine Hausaufgaben erledigen, Streit untereinander klären. Das schaffen die alles schon ganz ohne Ihre Hilfe. Wirklich. Schauen Sie sich diese Prachtkinder doch mal an!«

Die Kinder kichern und griemeln, während wir Erwachsenen bedröppelt auf den Boden starren.

»Glauben Sie wirklich, Sie müssen denen den Schulranzen ins Klassenzimmer tragen? Oder den Turnbeutel? Glauben Sie wirklich, ich merke das nicht, wenn Sie heimlich die Arbeitsblätter zu Hause ausfüllen? Und noch etwas: Hören Sie auf, mit Ihren Kindern nach der Schule noch bis abends für die Schule zu üben. Die Kinder sollen nach dem Unterricht freihaben und spielen. Ihnen das Lesen, Schreiben und Rechnen beizubringen ist MEIN Job, Ihr Job ist es, die Kinder zu bestärken, ihre Angelegenheiten selbst zu regeln. Verstanden?«

Wir Eltern rutschen alle etwas unruhig auf den Stühlchen rum, aber die Kinder finden es offenbar ganz großartig, wie ihre Alten hier abgemeiert werden.

Jetzt nimmt Frau Horst einen Papierstapel in die Hand – offenbar die Zeugnisse – gibt jedem Kind ein Blatt und sagt noch ein paar aufmunternde Sätze. Die Kinder, die ihre Zeugnisse bekommen haben, dürfen danach zu ihren Eltern und stolz die Ergebnisse vorzeigen.

Ben ist an der Reihe. Frau Horst überreicht ihm sein Zeugnis und sagt: »Das hast du toll gemacht Ben. Und ich glaube, in einem halben Jahr wird dein Zeugnis sogar noch besser aussehen. Streng dich weiter an, ja?«

Ben sagt artig danke und kommt grinsend zu mir. Ich ziehe mir meinen großen Jungen auf den Schoß, und begutachte sein Zeugnis: Auf dem Blatt stehen sechs bunte Blumen mit unterschiedlich langen Stielen in einer Reihe, unter den Blumen die Begriffe Pünktlichkeit, Ordnung, Hilfsbereitschaft, Lesen, Schreiben, Rechnen. Bei den ersten drei Begriffen wachsen die Blumen auf Bens Zeugnis bis ganz an den oberen Rand, bei den letzten drei Begriffen sind die Blumenstängel kürzer, und die Blüten enden irgendwo im oberen Drittel.

»Sieht doch gut aus«, flüstere ich, während die restlichen Kinder ihre Zeugnisse ausgeteilt bekommen. Eigentlich könnte die Veranstaltung jetzt beendet werden, aber es gibt da noch einige Fragen seitens der anwesenden Elternschaft.

»Also, ich wüsste schon gern, warum hier nicht auch die

kreativen Persönlichkeitsanteile der Kinder erfasst werden«, sagt Momo-Mama. »Ich finde es ja schon mal gut, dass auf Noten verzichtet wird, aber es enttäuscht mich, dass der klassische Bildungskanon hier so viel Gewicht bekommt. Was ist mit Kunst? Musik? Sport? Ich dachte, da wären wir pädagogisch schon weiter.«

»Ich verstehe ganz ehrlich gesagt nicht, warum sich hier alle so gegen Noten sträuben. Ich meine, das ist doch ein Witz, diese Blümchenwiese. Wir sind doch nicht mehr im Kindergarten«, ruft HochbeGabi. »Und ich verstehe nicht, wieso meine Luisa jetzt zum Beispiel ihr Blümchen bei Mathe genauso hoch hat wie die Lea. Ich weiß doch genau, dass Luisa viel weiter rechnen kann als Lea, das ist doch Betrug.«

»Kannst du mal aufhören, immer mein Kind zu dissen?«, ruft Lea-Mama. »Deine kleine Wundertochter trägt die Nase ganz schön weit oben, weißt du? Und ich weiß auch, von wem sie das hat.«

»Nachdem Sie uns hier ja so schön vorgeführt haben, Frau Horst, würde ich schon auch gern mal wissen, was dieser Wisch hier soll. Das ist doch kein Zeugnis. Das ist doch das Ergebnis Ihres Aquarell-Malkurses für mittelalte Single-Frauen. Ich erwarte eine professionelle Einschätzung meines Sohnes und kein Stillleben«, sagt Theo-Papa aufgebracht.

»Ich finde das schön mit den Blümchen«, sagt Heli-Helga. »Das ist doch gleich viel weniger traumatisierend für die Kinder.«

Jetzt plappern alle durcheinander, bis Frau Horst mit einem kurzen Pfiff in ihre Trillerpfeife alle zum Schweigen bringt.

»Was war das denn?«, flüstert Ben.

»Na, die Trillerpfeife von Frau Horst«, flüstere ich zurück.

»Die ist echt? Ist ja krass!«, raunt er bewundernd und bestätigt damit meinen Verdacht, dass Frau Horst die kleine goldene Trillerpfeife um ihren Hals nur benutzt, um Eltern in Schach zu halten – nie jedoch bei ihren Schülern.

»Also bitte, beruhigen Sie sich«, sagt sie. »Dies sind die allerersten Halbjahreszeugnisse Ihrer Kinder. Zum Schuljahresende bekommen Sie ein ausgefeiltes, sehr ausführliches Zeugnis, auf dem die individuellen Fähigkeiten Ihrer Kinder ganz ohne Blümchen erfasst sind – auch übrigens in Sport und Kunst. Das kommt bei uns nicht zu kurz, keine Sorge. Dies soll nur eine kleine Orientierung sein, wo sich die Kinder noch ein bisschen mehr anstrengen könnten und wo sie schon wirklich richtig gut sind.«

»Das beantwortet meine Frage nicht«, sagt HochbeGabi streng. »Wieso hat Luisa ihre Blumen in derselben Höhe wie andere Kinder, die deutlich schlechter sind als sie? Ist es wegen dem Behinderten? Damit der sich bloß nicht ausgeschlossen fühlt? Ist das dieser Integrations-Schnickschnack?«

Alle schauen auf Asperger-Axel, der seinen Sohn Bastian auf dem Schoß hat. Die beiden lassen den Wahnsinn um sich herum reglos und stumm über sich ergehen.

»Ja, da haben Sie etwas Wahres angesprochen«, sagt Frau Horst mit maliziösem Lächeln. »Basti? Was ist die Wurzel aus 144?«

»Zwölf!«, sagt Asperger-Bastian wie aus der Pistole geschossen. HochbeGabi steht der Mund offen.

»Sehen Sie?«, sagt Frau Horst. »Ihre Luisa ist eine wirklich begabte kleine Schülerin und strengt sich wirklich toll an. Aber es gibt trotzdem auch Kinder in der Klasse, die besser rechnen können. Das ist aber egal, wir betrachten alle Kinder und ihre Fähigkeiten ganz individuell. Was Sie auf diesem Zeugnis sehen können ist, dass Luisa den Zahlenraum bis zwanzig sicher beherrscht – so wie Lea und Basti und beinahe alle anderen Kinder in dieser Klasse auch. Ob sie darüber hinaus schon weiß, was eine Kurvendiskussion ist, ist nicht der Maßstab, nachdem ich dieses Zeugnis hier male.«

Damit erstirbt die Lust an der Zeugnisdiskussion und alle Eltern suchen zusammen mit ihren Kindern schnell das Weite.

Später, als ich mit Ben in der Pizzeria sitze, muss ich doch noch mal auf das Blümchenzeugnis zurückkommen. Das man natürlich nicht überbewerten sollte, ist ja erst die erste Klasse, und wer weiß, was alles noch kommt und wie sich die Kinder entwickeln. Bin ja natürlich auch überhaupt kein klitzekleines bisschen in Sorge oder gar ehrgeizig. Bestimmt nicht. Aber ich kann trotzdem nicht aufhören, darüber nachzudenken, warum Bens Blümchen auf der rechten Seite des Blattes – also da, wo es um Rechnen, Schreiben und Lesen geht – nur bis ins obere Drittel gewachsen sind. Und hatte Frau Horst nicht eindeutig gesagt, dass FAST ALLE Kinder den Zahlenraum bis zwanzig sicher beherrschen und dass das der Maßstab für die Höhe des Blümchens ist? Heißt das, Ben gehört zu den wenigen Kindern, die das noch nicht draufhaben? Und ist es beim Lesen und Schreiben vielleicht genauso? Alle anderen Kinder top, nur mein Sohn nicht?

155

»Sag mal, Ben, bist du denn zufrieden mit deinem Zeugnis?«

»Klar. Ich hab genau das Gleiche wie Johnny. Nur umgekehrt.«

»Was meinst du mit umgekehrt?«

»Na Johnny hat die ersten drei Blumen ein bisschen weiter unten, und ich hab die letzten drei Blumen ein bisschen weiter unten.«

Aha. Johnny hat es also nicht so mit Ordnung, Pünktlichkeit und Hilfsbereitschaft, kann dafür lesen, rechnen und schreiben wie ein junger Gott. Dann doch lieber einen freundlichen, ordentlichen und pünktlichen Schulversager zum Sohn haben. Oder etwa nicht?

»Ben, hast du denn das Gefühl, dass du vielleicht die anderen Sachen noch ein bisschen mehr üben solltest? Damit da deine Blümchen auch noch weiter wachsen?

»Nö.«

»Was heißt hier nö? Willst du nicht genauso gut sein wie die anderen Kinder in der Klasse?«

»Bin ich doch. Nur halt in meinem eigenen Tempo, hat Frau Horst gesagt.«

»Puh, na dann.« Ich rühre leicht beunruhigt in meinem Cappuccino.

»Wir könnten natürlich zu Hause auch mal ein bisschen üben. Lesen zum Beispiel.«

»Aber Mama«, sagt Ben und setzt eine nachsichtige Miene auf, so als sei ich ein bisschen schwer von Begriff. »Du hast doch gehört, was Frau Horst gesagt hat. Nach der Schule soll ich spielen und nicht noch mehr üben.«

»Frau Horst hat aber auch gesagt, du sollst dich weiter anstrengen«, erwidere ich.

»Mach ich ja. Ich streng mich ja an. Aber: In meinem eigenen Tempo.«

Ganz ehrlich, es macht mich aggressiv, wenn mein Kind Pädagogenphrasen benutzt. In meinem eigenen Tempo – ich glaub es hackt!

Abends muss ich einen kleinen Beruhigungsrotwein trinken und mich dabei von Benni-Papa veralbern lassen.

»O Gott«, ruft er theatralisch. »Blümchen nur im oberen Drittel! Wo soll das enden? Hauptschulabschluss! Abgebrochene Schlosserlehre! Hartz Vier! Alkoholismus! Cristal Meth! Drogenstrich!«

»Haha, sehr witzig. Du musst dich gar nicht über mich lustig machen, Mister Deppenapostroph! Ich mach mir tatsächlich ein bisschen Sorgen um unseren Sohn. Was, wenn er wirklich nicht so gut mitkommt wie die anderen? Ich meine, liest er dir ab und zu mal was vor? Und bis auf die drei ›Mama und Papa sind doof‹-Zettelchen an seiner Kinderzimmertür und die Dinge, die er in seine Schulhefte schreibt, habe ich auch noch keine Beweise dafür gesehen, dass er Schreiben lernt. Vielleicht schreibt er in der Schule ja immer nur alles ab, und keiner merkt es. Und dann, in den Tests, kommt raus, dass er in Wahrheit überhaupt nichts kann.«

»Ach Quatsch!«, sagt Benni-Papa und tätschelt mir beruhigend die Hand. »Du kennst doch Ben! Der ist genauso clever wie alle anderen Kinder auch, die wir so kennen. Wir haben ihm vorgelesen, seit er auf der Welt ist, und er hat schon im Kindergarten gern Buchstaben und Zahlen abgemalt. Warum sollte ausgerechnet unser Sohn nicht so gut mitkommen wie der Rest?«

»Aber wenn sogar Johnny höhere Blümchen bekommt, dann stimmt doch irgendwas nicht«, greine ich.

Dann verbringe ich den Rest des Abends damit, die Namen berühmter Schulversager zu googeln, die trotz mehrfachen Sitzenbleibens erfolgreiche Unternehmen gegründet oder wenigstens Diktaturen errichtet haben. Danach geht es mir ein bisschen besser.

Benni-Papa geht die Sache pragmatischer an. Er steigt in den Keller hinab, wühlt in seinen alten Kisten und kommt mit zehn »Lustigen Taschenbüchern« wieder nach oben. Die deponiert er auf dem Klo. »Wäre ja nicht das erste Pflänzchen, das ich aufgepäppelt habe«, sagt er. Und wettet mit mir um eine Kiste Champagner, dass zumindest das Leseblümchen unseres Sohnes in einem halben Jahr einen tüchtigen Schuss getan haben wird. Er hatte schon immer den grüneren Daumen von uns beiden!

»Bäh!«

Dialog mit meinem neuerdings wortkargen Sohn

»Hallo, mein Schatz, komm rein. Hab schon auf dich gewartet. Komm, zieh dich aus, räum deinen Schulranzen weg, und setz dich zu mir in die Küche.«

»Muss ich?«

»Och komm, nur ganz kurz. Ich will doch wissen, wie es in der Schule war.«

»Gut.«

»Habt ihr was Besonderes gemacht? Solltet ihr heute nicht einen Mathetest schreiben oder so was?«

»Nö.«

»Also kein Mathetest?«

»Nöhö!«

»Okay, ist ja gut Ben. Was ist denn los heute? Hast du schlechte Laune? War irgendwas blöd heute? Hat dich jemand geärgert?«

»Nein.«

»Na, dann ist ja gut.«

»Ja.«

»Musst mir ja auch nicht alles erzählen.«

»Stimmt.«

»Oder ist was anderes? Vielleicht was mit … Mädchen?«

»Hä?«

»Na ja, ich … wie soll ich das sagen … ich habe neulich aus deinem Schulranzen zwei völlig verschimmelte, angebissene Pausenbrote rausgefischt, und da war so ein kleiner Zettel. Von Lena. Mit einem Herzchen drauf, und da dachte ich …«

»MAMA!«

»Ja, ich weiß, geht mich gar nichts an, aber du bist selber schuld, wenn du deine Pausenbrote nicht selbst entsorgst. Dann finde ich eben auch geheime Zettelchen. Ist doch nichts Schlimmes. Ist dir das peinlich?«

»…«

»Komm, hör auf mit den Augen zu rollen. Das ist doch schön. Seid ihr verliebt, Lena und du?«

»NEIN!«

»Kein Grund, zu schreien, ist ja nur eine Frage. Was wäre denn so schlimm daran? Ist doch schön, verliebt zu sein. Papa und ich sind ja auch verliebt, findest du doch auch nicht schlimm, oder?«

»Nein.«

»Willst du sie vielleicht nachmittags mal zum Spielen einladen? Oder sie mit ins Kino nehmen, wenn das nächste Mal ein Kinderfilm läuft? Weißt du, Papa und ich waren früher, als ihr noch nicht auf der Welt wart, auch viel im Kino. Das ist schön, wenn man verliebt ist. Da kann man Händchen halten und knutschen und …«

»Mama, hör auf, das ist eklig.«

»Okay, ist ja gut. Also, was ist jetzt mit Lena?«

»Nix.«

»Gar nichts? Und warum schreibt sie dir dann Liebesbriefchen?«

»Weiß nicht.«

»Na, offensichtlich ist sie ein bisschen verknallt in dich. Und du? Gar kein bisschen auch in sie?«

»Bäh!«

»Was heißt denn hier bäh?«

»Die ist ein Mädchen.«

»Ja, Ben, ganz offensichtlich. Und ganz offensichtlich mag sie dich sehr, sehr gern. Auch wenn du ihre Gefühle offenbar nicht erwiderst. Sei aber deshalb nicht gemein zu ihr, ja?«

»Bin ich ja gar nicht. Nur Johnny ist gemein zu Lena.«

»Warum denn das? Weil sie in dich verliebt ist und nicht in ihn? Ist Johnny etwa eifersüchtig? Ich denke, der hat schon mit Zunge geküsst und gibt sich sowieso nur mit Drittklässlerinnen ab. Was macht er denn mit Lena?«

»Popoklatsch.«

»Aha, und findet Lena das lustig?«

»Weiß nicht.«

»Ist nämlich nicht nett, Mädchen auf den Po zu hauen. Kannste Johnny ja mal sagen. So was macht man nicht. Ist denn auch jemand verknallt in Johnny?«

»Alle.«

»Alle Mädchen? Außer Lena? Das habe ich befürchtet. Weißt du, wir Frauen haben leider eine schlimme Schwäche für zwielichtige Typen. Das gibt sich irgendwann wieder. Aber jetzt bin ich schon neugierig. Woher weißt du denn, dass alle Mädchen in Johnny verliebt sind?«

»Na, weil er das sagt.«

»Aha, na der hat ja ein gesundes Selbstbewusstsein, dein Kumpel Johnny. Und hättest du auch gern, dass die Mädchen alle in dich verliebt sind?«

»NEIN!«

»Ich wette, da sind noch ein paar mehr als Lena, die dich gut finden. Also wenn ich in deiner Klasse wäre, wäre ich auch verknallt in dich.«

»Hä?«

»Also wenn ich nicht zufällig deine Mutter wäre. Was ja auch nicht gehen würde, wenn wir in einer Klasse wären.«

»Hä?«

»Ist auch egal. Was ich eigentlich sagen will, mein Schatz: Du bist ein super Typ und wahnsinnig hübsch, und irgendwann wird nicht nur Lena, sondern werden ganz viele Mädchen in deiner Klasse in dich verknallt sein. Du wirst dich vor Liebesbriefen nicht mehr retten können. Das kannste mir glauben. Und irgendwann findest du Mädchen auch gar nicht mehr so doof, da bin ich mir sicher.«

»Mama?«

»Ja, Ben?«

»Du nervst.«

»Ich weiß, mein Schatz. Das ist aber nun mal mein Job.«

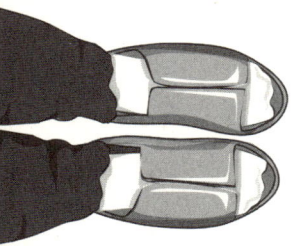

Love is in the air ...

... but is it also on the Lehrplan?

Mit den allerersten lauen Vorfrühlingslüftchen weht plötzlich auch etwas ganz Neues über den Schulhof der Astrid-Lindgren-Grundschule – und vor allem durch die 1b: Liebe! Na ja, vielleicht nicht wirklich Liebe, aber so etwas wie ein plötzliches gesteigertes Interesse am anderen Geschlecht. Nachdem Ben im letzten halben Jahr zu meinem großen Kummer beschlossen hatte, Mädchen doof zu finden und nichts mehr mit ihnen zu tun haben zu wollen – und das, obwohl er im Kindergarten noch so gern mit ihnen gespielt hat –, scheinen ihn und seine Klassenkameraden nun plötzlich doch ein paar zartere Gefühle umzutreiben. Auslöser war ein Mädchen namens Emilia, deren amerikanische Mutter gern amerikanisches Brauchtum pflegt – und so brachte Emilia am Valentinstag all ihren Klassenkameradinnen und -kameraden ein Kärtchen mit einem süßen, kleinen selbstgeschriebenen Text mit. Auf Bens Kärtchen jedenfalls stand so was wie: »Du bist nett, weil du mich noch nie geschubst hast.« Na, wenn das mal kein Kompliment ist.

Seit diesem Tag werden in der 1b fleißig Zettelchen getauscht, meist mit Herzchen, eher selten mit echten Liebesschwüren. Ben und seine Kumpels finden Mädchen ganz offiziell zwar noch immer irgendwie bäh, und sich mit ihnen verabreden oder irgendwo allein mit einem Mädchen gesehen werden, wollen sie auch nicht. Aber sie reden doch erstaunlich häufig miteinander darüber, wer von wem wie viele Zettelchen bekommt und dass ja die Mia voll in Basti und der Gustav voll in Lena und die Lena voll in Ben und Ben natürlich in überhaupt gar keine und echt gar keine in Gustav verliebt ist, dafür alle irgendwie in Johnny.

»Schon schlimm«, greint Heli-Helga. »Dass das jetzt schon anfängt mit der Ausgrenzung. Die Kinder sind doch noch viel zu jung für all diese Sachen. Und jetzt auch noch das neue Klassenschwerpunktthema ...«

Ja, das Klassenschwerpunktthema, das sorgt für einige Aufregung in der Elternschaft. Im Unterricht gibt es immer mal wieder wechselnde Schwerpunktthemen, wie »Mein Haustier« oder »Herbst«, und aktuell steht das Schwerpunktthema »Mein Körper« auf dem Lehrplan. Die Kinder sollen sich mit ihrem Körper vertraut machen und lernen, Körperteile richtig zu benennen. Das ist natürlich richtig und wichtig, Ben soll ja wissen, dass sein »Pimmel« eigentlich ein »Penis« ist, auch wenn es viel mehr Spaß macht »Pimmel« zu sagen. Ich spreche ja auch nicht so gern von meiner »Scheide«, sondern nenne sie lieber ... ach, ist ja auch egal. Jedenfalls führt »Mein Körper« zu einigen hitzigen Beiträgen auf unserer Klassenmailingliste.

Theo-Papa hat offensichtlich hohen Blutdruck und sucht ein paar Gleichgesinnte, um die geistige Verrohung unserer Kinder zu stoppen. Nachts um zwei schickt er folgende Mail über den Verteiler:

Sexualkunde schon für Erstklässler? Liebe Mit-Eltern, ich bin hochgradig besorgt. Mein Sohn fragte mich heute, was ein Anus ist und wofür man ihn braucht. Offenbar sollen die Kinder mit derlei Informationen »Themenplakate« basteln und im Klassenraum aufhängen. Was kommt als Nächstes? Anleitungen zum Analverkehr? Gespräche über sexuelle Phantasien? Ich erwäge eine Beschwerde beim Schulamt gegen Frau Horst. Wer schließt sich meinem Protest an?

Proll-Jenny antwortet als erste, gleich am nächsten Morgen.

Der Anus ist das Popoloch. Das braucht man zum Kacken. Was ist daran schlimm?????

Momo-Mama hat ebenfalls Bedenken:

Einer Beschwerde möchte ich mich nicht anschließen, aber mir wäre es wichtig, dass die Kinder früh mit einer größeren Vielfalt an geschlechtlichen Identitäten konfrontiert werden. Wir erziehen unser Kind genderneutral, es soll später selbst entscheiden, mit welcher Genderidentität es sich identifiziert. Die Sensibilisierung für diese Themen kommt meines Erachtens deutlich zu kurz in dieser doch sehr vereinfachten Einteilung des Körpers in männlich und weiblich. Lasst uns die Vielfalt feiern!

Vielfalt feiern? Nicht mit HochbeGabi!

Ich kann diesen homofeministischen Genderwahnsinn nicht gutheißen, bitte verschont mich und vor allem die Kinder mit dieser Diskussion. Kinder, die nicht wissen, was ein Anus ist und was man mit ihm macht, sollten meines Erachtens sowieso zurück in den Kindergarten.

Heli-Helga sorgt sich wie immer um ihren Gustav:

Ist euch eigentlich klar, was diese Fixierung auf den Körper mit unseren Kindern macht? Sie beginnen doch jetzt schon damit, zu vergleichen. Wer hat den Längsten? Wer ist am dünnsten? Wer ist am größten? Das setzt gerade die Sensibleren doch schon sehr unter Druck. Was ist mit den inneren Werten?

Sogar Asperger-Axel meldet sich zu Wort, obwohl er sich sonst aus fast allem raushält:

Liebe Eltern, ich möchte den Vorschlag mit den inneren Werten aufgreifen und dafür plädieren, auch die inneren Organe des Menschen mehr in den Vordergrund zu rücken. Bislang kommt dieser Aspekt des menschlichen Körpers in meinen Augen zu kurz. Danke und beste Grüße.

Alle diese Mails lese ich, während ich für Ben im Internet nach Fotos von Ohren suche, denn er muss vor der Klasse einen kurzen Vortrag über das Ohr halten (und ja, ich bin froh, dass er nichts über den Anus erzählen muss). Sosehr das Klassenschwerpunktthema die Elternschaft in Wallung bringt, an Ben scheint es ziemlich spurlos vorbeizugehen, jedenfalls erzählt er so gut wie nichts darüber. Das

Thema »Mein Haustier« hat ihn jedenfalls mehr beschäftigt. Auf meine Frage hin, ob er weiß, was genau der Anus ist, sagt er nur lapidar: »Der gehört zum Po, um den kümmern sich Theo und Lena.«

Ganz offenbar ist Frau Horst nicht ganz verborgen geblieben, dass »Mein Körper« einige Eltern verunsichert. Jedenfalls finde ich in Bens Mutti-Heft einen Brief an die Eltern zum Thema:

Um eventuellen Missverständnissen vorzubeugen, möchte ich Ihnen kurz das aktuelle Klassenschwerpunktthema erläutern. Die Schülerinnen und Schüler werden animiert, sich mit ihrem Körper zu beschäftigen, ihn zu benennen und ganz bewusst wahrzunehmen. Dazu gehört zum einen die korrekte Bezeichnung aller Körperteile, als auch das Wissen um ihre Funktion. Es ist wichtig, dass Kinder ihren Körper kennen und wissen, dass sie über ihn bestimmen können. Dieser Aspekt ist gerade im Hinblick auf die Prävention von sexuellem Missbrauch ganz entscheidend. Sie als Eltern können Ihrem Kind dabei helfen: Küssen und knuddeln Sie es nicht gegen seinen Willen, verlangen Sie ihm keine Küsschen für Omas, Tanten oder andere Familienmitglieder ab. So lernt Ihr Kind, dass es das Recht hat, nein zu sagen, wenn es etwas nicht will.

Tja, das war sicher gutgemeint, gibt aber dem schreibenden Mob in unserer Klassenmailingliste nur neues Futter. Theo-Papa schäumt:

Dieses Schreiben bestätigt nur meinen Verdacht, dass unsere Kinder deutlich zu früh sexualisiert und verunsichert werden. Was ein Kuss für die Oma mit sexuellem Missbrauch zu tun haben soll, ist jenseits meiner Vorstellungskraft. Und was heißt denn bitte »sich mit seinem Körper beschäftigen, ihn bewusst wahrnehmen«? Das ist doch nicht weniger als eine Aufforderung zur Onanie!

Lea-Mama versucht, die Wogen zu glätten:

Dass Kinder ihren eigenen Körper und damit auch ihre Geschlechtsteile erkunden, ist doch völlig normal. Lea hat das schon im Kindergarten gemacht und hat inzwischen gelernt, damit diskret umzugehen, also sich nicht mehr vor anderen an der Sofanackenrolle zu schubbern. Ich finde es gut, wenn die Kinder Entspannungstechniken lernen und ein unverkrampftes Verhältnis zu ihrer Sexualität entwickeln. Ich rate zu etwas mehr Gelassenheit.

Die Mutter von Max hat eher hygienische Sorgen:

Ich finde zwar auch, dass die Kinder über ihren Körper bestimmen sollen, aber wo ist da die Grenze? Ich meine, wenn die jetzt im Unterricht lernen, zu allem nein zu sagen, was ihnen nicht passt, dann weiß ich nicht, wie ich Max jemals wieder in die Badewanne bekommen soll.

Meine Güte, ich will gar nicht wissen, was los ist, wenn der eigentliche Aufklärungsunterricht losgeht. Also der, wo es nicht nur um ein paar Körperteile geht, sondern darum, was Mama und Papa wirklich machen, wenn sie morgens die Kinder vor KIKA setzen und das Schlafzimmer abschließen.

Proll-Jenny ist da ganz optimistisch, jedenfalls was ihren Sohn angeht: »Ist doch echt wurscht, was die in der Schule unterrichten, das Wichtigste bringen die sich schon bei. Ich meine, wir haben uns doch früher auch mit der BRAVO und ein paar Pornos selber aufgeklärt. Und heute gucken die doch ohnehin alles Mögliche im Internet nach«, erklärt sie mir, als ich Ben eines Abends bei Johnny abhole und das Thema noch einmal kurz anspreche. Ich kann nicht sagen, dass mich das besonders beruhigt und beschließe, dass Johnny ab sofort wieder mehr zu uns kommen und Ben dafür nicht so oft bei Johnny die Nachmittage verbringen soll, wo es offensichtlich verdammt laxe Regeln gibt, was den Fernseh- und Internetkonsum von Sechsjährigen betrifft.

Das Klassenschwerpunktthema »Mein Körper« wurde dann doch ohne Intervention des Schulamtes zu Ende geführt, Theo-Papa hat mangels Mitstreitern von größeren Protestaktionen abgesehen und Theo einfach für eine Woche krankgemeldet – das Kurzreferat über den Po musste Lena also ganz allein halten.

Aber vielleicht hat Proll-Jenny ja nicht ganz Unrecht, vielleicht lernen die Kinder wirklich das Allermeiste ganz von allein. Neulich jedenfalls war mein sonst so einsilbiger Sohn geradezu in Plauderlaune und berichtete sehr vergnügt davon, dass nun plötzlich auch die Mädchen beim Quetschen mitmachen – also dem sonst nur bei den Jungs beliebten Pausenspiel, in dem sich alle wie die Fußballspieler übereinander auf einen großen Haufen werfen.

Das findet Ben plötzlich nur noch ein ganz, ganz kleines bisschen bäh.

Projekte, Projekte
Unsere Schule soll schöner werden

Kurz vor den Osterferien soll an der Astrid-Lindgren-Schule eine Projektwoche stattfinden, Thema: Die Natur und ich. Die ganze Schule macht mit, und das Ziel soll eine möglichst ökologische Verschönerung des Schulgebäudes, des Pausenhofs und des bislang sehr stiefmütterlich behandelten Schulgartens sein. Offenbar gab es auch ein paar städtische Fördergelder, denn der Direktor teilt in einem Rundbrief mit, dass reichlich Budget vorhanden wäre, um tolle Projekte zu realisieren – nur an Projektideen und Projektleitern fehle es noch. Daher die Bitte an die Elternschaft, sich einzubringen, falls man es denn zeitlich einrichten könne.

Ja, ja, sich einbringen. Würde ich ja, aber Zeit habe ich keine. Denn irgendwann zwischen diesen permanenten Ferien und Feiertagen muss ich ja noch Geld verdienen. Wehmütig denke ich manchmal an die Zeit zurück, in der Ben noch im Kindergarten war, der außer an zwei Wochen im Sommer und einer Woche um Weihnachten herum nie geschlossen hatte. Und wenn, dann nur mal einen Tag wegen eines Betriebsausflugs oder einer Fortbildung. Aber jetzt sind ständig Ferien. Kaum sind die einen Ferien vorbei und Kind und Eltern haben sich wieder ans frühe Aufstehen gewöhnt, beginnt die panische Suche nach einer

Möglichkeit, das Kind während der nächsten Ferien zu beschäftigen, denn kein Mensch hat so viel Urlaubstage wie ein Kind Ferientage. Der Ferienhort der Schule ist voll, das Fußballcamp zu teuer. Bei der örtlichen Freiwilligen Feuerwehr gab es im letzten Jahr einen Missbrauchsskandal, da mag ich Ben auch nicht hinschicken. Die Großmutter ist schon mit ihrer Wandergruppe im Hartz unterwegs und möchte ihren Enkelsohn da vielleicht lieber doch nicht mitnehmen. Mal abgesehen davon, dass »Wandern« bei meinem Sohn ungefähr so angesagt ist wie Zähneputzen.

»Na, dann bleibt er eben zu Hause«, sagt Benni-Papa. »Der ist doch groß genug, sich selbst zu beschäftigen, während du in deinem Arbeitszimmer ganz normal arbeiten kannst.«

»Selbst beschäftigen«, schnaufe ich. »Ganz normal arbeiten. Das glaubst du ja wohl selber nicht!«

»Doch, das glaube ich. Haben wir doch früher als Kinder auch gemacht. Ben kann sich ja mit seinen Kumpels auf dem Spielplatz treffen oder sich einfach mal gepflegt langweilen. Langeweile ist wichtig und macht kreativ.«

Ja, diese Form von kreativer Langeweile kenne ich schon bestens von meinem Sohn, etwa, wenn er morgens noch ganz schlimme Bauchschmerzen hat und unbedingt zu Hause bleiben muss, die Bauchschmerzen sich dann aber bereits am frühen Vormittag wie von Zauberhand in Luft aufgelöst haben. Dann liegt Ben nämlich nicht in seinem Bett und hört ein paar Hörspiele, während ich ihm ab und an Tee und Zwieback vorbeibringe und ihm übers Köpfchen streichle. Nein, bei dieser Form von Blitzbauchweh steht mein Sohn alle zehn Minuten an meinem Schreibtisch, weil er dringend noch mehr Kekse oder noch

171

mehr Tesafilm braucht oder bitte, bitte, bitte endlich fernsehen will, schließlich sei er ja so entsetzlich krank.

Die Aussicht auf einen sich in den Osterferien mit mir zu Hause langweilenden Ben nehme ich zum Anlass, mir keine weiteren Gedanken zu machen, wie ich mich am besten auf dieser Projektwoche zeitlich einbringe, denn ich muss ordentlich ranklotzen und vorarbeiten, damit ich wenigstens ein paar Ferientage gemeinsam mit meinem Sohn und mit etwas Lustigem verbringen kann. Heli-Helga findet zwar, dass wir als Elternsprecher geradezu moralisch verpflichtet sind, uns bei dieser Projektwoche zu engagieren, aber das kann sie ja auch leicht sagen, schließlich hat sie für sich beschlossen, erst ihrem Gustav durchs Abitur zu helfen, bevor sie ihren Beruf wieder aufnimmt. Dementsprechend hat sie auch einfach mehr Zeit.

Ich verspreche aber, Ben nachmittags immer von der Schule abzuholen und dann mit meiner Kamera ein paar Fotos von den vielen Projekten zu machen und zum Abschlussgrillfest eine kleine Präsentation vorzubereiten, sozusagen als Making-of. Und zum Glück gibt es ja noch genügend andere Eltern in der Klasse, die nun endlich ihre Chance sehen, sich mit Ideen und Aktionen einzubringen. Die Waldis zum Beispiel, diese herzensguten Menschen, die doch schon so lange versuchen, etwas mehr Waldorfschulenflair in unsere kleine Grundschule zu bringen. Beide haben sich für die Projektwoche Urlaub genommen und wollen auf der Rasenfläche neben dem Schulgarten zusammen mit den Kindern ein großes Weidentipi bauen. Frau Horst und der Referendar Herr Soltau wollen mit den Kindern einen kleinen Heilkräutergarten anlegen und Heli-Helga will gemeinsam mit einer Gruppe den Klassenraum neu streichen. Deshalb kann Gustav auch auf keinen Fall beim Projekt »Insektenhotel« mitmachen, das die Lehrerin der Parallelklasse leitet, denn da würde mit echten Werkzeugen und Sägen hantiert, und das findet sie dann doch ein bisschen zu gefährlich für ihren Sohnemann.

Ben hat sich nach langem Hin und Her auch für das Projekt »Klassenraumstreichen« entschieden. Das hat zwar eigentlich keinen wirklich ökologischen Charakter, aber Heli-Helga hat versprochen, dass das Thema »Natur« beim Neuanstrich eine Rolle spielen solle, sie habe da auf jeden Fall schon ein paar wirklich tolle Ideen.

Am ersten Tag der Projektwoche schnappe ich mir also nachmittags meine Kamera und marschiere in die Schule, um Ben abzuholen und den Fortgang der vielen verschiedenen Projekte zu dokumentieren. Im Schulfoyer bastelt eine Gruppe Kinder Kresse-Köpfe aus Blumenerde und Sackleinen, im Werkraum erkunden andere die unterschiedlichen Nisträume von Insekten, um aus Bambusstangen, Strohmatten und vorgebohrten Hölzern ein Insektenhotel zu bauen. Im Garten wird unter der strengen Aufsicht von Frau Horst die Erde umgegraben, und der Referendar schleppt leise fluchend große Säcke Blumenerde heran – ein wunderbares Motiv für meine Fotodokumentation.

Einige Meter weiter stehen die Waldis gemeinsam mit einem Duzend Kinder Hand in Hand in einem großen Kreis. Alle haben die Augen geschlossen und – trotz der noch recht kalten Temperaturen – die Schuhe und Socken ausgezogen.

»Was macht ihr denn da? Und wieso seid ihr alle barfuß?«, flüstere ich Momo-Mama ins Ohr, denn die Situation – das schnalle ja sogar ich – ist zu weihevoll für laute Worte.

»Ein indianisches Ritual«, haucht Momo-Mama. »Wir nehmen Kontakt auf mit der Pachamama, der Mutter Erde. Wir spüren ihre Energie.«

»Ich dachte, ihr baut hier ein Tipi«, flüstere ich zurück.

»Natürlich, natürlich. Aber vorher energetisieren wir gemeinsam den Ort, an dem das Tipi steht. Es soll ein ganz besonderer, auch spiritueller Rückzugsraum für die Kinder werden.«

Aktuell sehe ich da ehrlich gesagt vor allem Kinder, die demnächst eine Blasenentzündung haben werden, wenn sie nicht schnell ihre Socken und Schuhe wieder anziehen dürfen – aber ich mische mich lieber nicht ein. Stattdessen schieße ich noch ein paar Fotos und mache ich mich auf in den Klassenraum der 1b, der ja unter anderem von Ben unter der strengen Regie von Heli-Helga neu gestrichen werden soll.

Was für ein Durcheinander! Auf dem Flur vor dem Klassenzimmer stapeln sich die Stühle, Tische und Schränke, im leergeräumten Klassenzimmer steht ein halbes Dutzend geöffneter Farbeimer in allen möglichen Grünschattierungen auf dem Boden, die Kinder matschen mit kleinen Farbrollen an den Wänden herum. In einer Ecke sehe ich Ben, von oben bis unten mit grünen Farbspritzern bedeckt und breit grinsend. »Macht voll Spaß, Mama! Guck mal, wie weit wir schon sind!«, ruft er mir zu.

Puh, ja, das sehe ich. Es wurde sehr viel grüne Farbe im Klassenzimmer verteilt, einiges davon ist auch tatsächlich an den Wänden gelandet. Und wo steckt Heli-Helga, die diesen Prozess doch eigentlich überblicken sollte? Die steht jammernd und fluchend in der Ecke und versucht, ihren Gustav – der als einziges Kind einen weißen Maleroverall mit Kapuze und sogar eine Schutzbrille trägt – von Kreppklebeband zu befreien, das überall an seinem Schutzanzug hängt.

»Na, ihr seid ja schon gut vorangekommen«, rufe ich fröhlich und mache gleich erst mal ein Foto.

»Ja, alles ist noch ein wenig durcheinander«, meint Heli-Helga mit leicht verzweifeltem Unterton. »Wir wollten ja eigentlich erst noch alles abkleben, aber die Kinder haben dann doch schon mal angefangen. Wir wollen einen saftig grünen Laubwald auf die Wände zaubern, mit vielen Bäumen und Blumen und ein paar bunten Schmetterlingen …«

»Na, das wird schon noch«, versuche ich, sie zu trösten, obwohl es bislang eher nach einem Projekt militärischer Tarnung aussieht und nicht nach einem Laubwald.

»Vielleicht war es doch keine gute Idee, das alles allein zu machen, es ist ganz schön viel Arbeit.« Seufzend zuppelt Heli-Helga die letzten Klebestreifen von Gustavs Maleranzug und schaut mich flehend an. Nein, nein, nein, ich habe wirklich keine Zeit! Auf gar keinen Fall möchte ich mich hier an dieser Streichaktion beteiligen, ich denke, ich werde genug damit zu tun haben, Ben jeden Abend die Farbe aus den Haaren zu waschen.

Doch da betritt Asperger-Axel den Raum, scannt kurz das Chaos, kommt schnurstracks auf Heli-Helga und mich zumarschiert und sagt: »Das ist schlecht geplant hier. Und schlecht gemacht. Man muss vorher alles abkleben, bevor man streicht. Und den Boden mit Plastikplanen abdecken.«

»Ja, schönen Dank auch, sehr freundlich«, mault Heli-Helga.

»Bitte, gern geschehen«, sagt Asperger-Axel. »Ich kann das abkleben. Ich klebe gern ab. Machen Sie doch einfach Feierabend und überlassen das Bastian und mir.«

Bastian steht noch immer vor einer Wand und hat dort sehr präzise ein gleichschenkliges grünes Dreieck aufgemalt.

Heli-Helga greift sich eingeschnappt ihren Gustav und sagt: »Bitte! Nur zu! Viel Spaß dann!«, und rauscht ab.

»Die sollen jetzt bitte alle gehen«, sagt der schöne Asperger-Axel in meine Richtung. Und weil er dann noch mal sehr nachdrücklich »Bitte!« sagt und die Mundwinkel zu einer Art Lächeln nach oben zieht, nehme ich ihm die Aufgabe ab, alle Kinder aus dem völlig eingesauten Klassenzimmer zu entfernen.

»Kinder!«, rufe ich und klatsche in die Hände. »Feierabend! Bitte stellt eure Pinsel hier in den Wassereimer, tretet bitte nicht noch mal in irgendeine Farbpfütze und geht jetzt nach Hause. Morgen könnt ihr weitermalen.«

»Och, menno«, maulen einige, und Ben beschwert sich, dass das ja wohl voll ungerecht ist, dass Basti noch weitermalen darf und er schon aufhören muss. Dann überlassen wir Vater und Sohn den Klassenraum.

Als ich Ben am nächsten Tag abhole, traue ich meinen Augen kaum: Heli-Helga sitzt selig lächelnd auf einem Stühlchen, die Kinder malen mit kleinen Pinseln und Farbpaletten in der Hand Blümchen und Schmetterlinge an die gleichmäßig hellgrün gestrichene Wand.

»Du wirst es nicht glauben«, raunt sie mir zu. »Als ich

heute Morgen hier hereingekommen bin, war alles fein-
säuberlich abgeklebt. Jede Leiste, jede Steckdose und jeder Lichtschalter. Die Farbflecken auf dem Boden waren
weg, dafür war alles mit Plastikfolie ausgelegt. Und alle
Wände waren grün gestrichen. Total gleichmäßig. Die müssen die ganze Nacht dafür gebraucht haben. Das ist doch
nicht normal!«

»Na ja, die beiden sind ja auch nicht ganz normal«, antworte ich. »Aber ist doch schön, dass sie offenbar Spaß
daran hatten, hier Ordnung ins Chaos zu bringen.«

Auch die anderen Projekte gehen in den nächsten Tagen gut voran: Die Viertklässler basteln Vogelhäuser, die
Kresseköpfe keimen auf den Fensterbänken der Cafeteria,
das Weidentipi nimmt Gestalt an, auch wenn es natürlich
erst so richtig schön wird, wenn die Weiden austreiben
und die Tipi-Wände schön dicht sind. Und im Schulgarten
ist tatsächlich ein kleiner Heilkräutergarten entstanden –
die Kinder haben fleißig gepflanzt und für jede Pflanze ein
kleines Holzschildchen gebastelt.

Am Freitagabend sitze ich zu Hause am Rechner und
stelle eine kleine »Diashow« zusammen, die dann morgen
während des Projektwochenabschlussgrillfestes im Ein-
gangsbereich der Schule an eine Wand projiziert werden
soll. Ich bin ein bisschen stolz auf mich, als ich durch
meine Fotos klicke, denn ich habe das Gefühl, wirklich alle
beteiligten Kinder ins beste Licht gerückt und den Entstehungsprozess aller Projekte ausführlich dargestellt zu
haben.

Benni-Papa steht derweil in der Küche, macht einen
Kartoffelsalat und schrubbt den total verdreckten Rost von
unserem Grill. Den müssen wir morgen nämlich mitbrin-

gen, für die Halal-Würstchen. (Das Organisationskomitee des Grillfestes möchte einen Fleisch-, einen Veggie- und einen Halal-Grill aufstellen, offenbar gab es beim letzten Fest Streit um den Platz auf dem Rost, oder es wusste am Ende niemand mehr, welches der Würstchen nun aus Tofu oder aus Schweinefleisch war und welches nicht.) Ben freut sich darauf, Hannah und seinem Papa morgen sein neugestaltetes Klassenzimmer zeigen zu können und ist überhaupt hochzufrieden mit dieser Projektwoche. So könnte Schule immer sein, wenn es nach ihm ginge. Auf besonderen Wunsch der Schulsekretärin darf ich sogar Pupsi mitbringen – seit der Weihnachtsfeier ist unser Hund nämlich ein Star an der Astrid-Lindgren-Grundschule.

Am nächsten Tag laden wir Grill, Kartoffelsalat, Computer, Beamer, Ben, Hannah und Pupsi ins Auto und fahren in die Schule. Dort ist schon mächtig was los: Kinder flitzen durch die Flure, Eltern begutachten die Ergebnisse der Projektwoche, der Direktor zuppelt sich nervös an der Krawatte herum, denn die Bürgermeisterin persönlich wollte auf ein halbes Stündchen vorbeikommen, um zu sehen, wie die städtischen Fördergelder aus unserer Grundschule eine grüne Vorzeigelehranstalt gemacht haben. Benni-Papa geht den Grill aufbauen, Ben dreht mit Pupsi an der Leine eine Angeberrunde, denn natürlich wollen alle ganz dringend den Hund streicheln, und Hannah »hilft« mir beim Aufbau des Beamers, mit dem meine kleine Fotoshow an die Wand im Foyer geworfen werden soll. Ich drücke meiner Tochter das vollkommen verknotete Kabelbündel in die Hand und trage ihr auf, alles zu entwirren –

nicht, dass ich daran glaube, dass ihr das gelingt, aber so ist sie wenigstens beschäftigt.

Während ich ein Tischchen heranschleppe, um Rechner und Beamer darauf zu platzieren, laufen mir Asperger-Axel und sein Sohn Bastian über den Weg – die beiden Helden des Klassenzimmerstreichprojekts.

»Hey«, rufe ich überschwänglich. »Da seid ihr ja! Die Retter unseres Klassenraumes! Wirklich toll, wie ihr das über Nacht hinbekommen habt. Mensch, Basti, das hat bestimmt total Spaß gemacht, oder?«

»Nein, hat keinen Spaß gemacht«, sagt Bastian und setzt sich zu Hannah, um mit ihr zusammen das Kabel zu entwirren.

»Ist ja jetzt auch alles wieder unordentlich«, sagt der schöne Axel. »Wir haben alles sauber und ordentlich gestrichen und jetzt sind überall Blumen und Schmetterlinge drauf.«

»Tja, na ja, das war der Plan. Die Kinder sollten ja mitmachen und ihre Ideen verwirklichen. Sieht aber doch schön aus mit den bunten Blumen und Schmetterlingen.«

»Nein, es sieht nicht schön aus«, sagt Asperger-Axel ungerührt. »Schmetterlinge sehen ganz anders aus, außerdem gibt es fast keine mehr, zwei Drittel aller europäischen Schmetterlingsarten sind vom Aussterben bedroht.«

Ich beschließe, ihn das nächste Mal direkt zu fragen, wenn ich eine völlig unverstellte ehrliche Meinung zu irgendeinem Thema brauche. Überhaupt wird mir Asperger-Axel immer sympathischer, mal ganz abgesehen von seinem guten Aussehen. Eine Freundschaft mit einem Asperger-Autisten könnte eine echte Bereicherung sein:

kein Smalltalk, kein Bullshit, keine falschen Komplimente, keine Ironie, keine Zwischentöne. Vielleicht sollten Benni-Papa und ich Axel und seinen Sohn mal zu uns nach Hause einladen.

Bastian und Hannah haben inzwischen gemeinsam das Kabel entwirrt, ich kann also den Beamer anschließen und meine Fotoshow starten. Und mir dann endlich ein Würstchen holen und schauen, was eigentlich der Rest meiner Familie so treibt.

Benni-Papa steht am Halal-Grill und wendet Lammwürstchen, die offensichtlich reißenden Absatz finden. Nicht, weil an unserer Schule so viele Muslime wären, sondern weil die einfach besser schmecken als die Schweinenackensteaks, die Leon-Papa am Grill nebenan brutzelt. Am Veggie-Grill, der dicht mit Gemüsespießen und blassen Tofuwürstchen belegt ist, ist sogar noch weniger los.

Pupsi lässt sich von Ben und seinen Klassenkameraden mit Wurstresten füttern, und ich schlendere zusammen mit Hannah mal in Richtung Schulgarten, um mir das neue Heilkräuterbeet und das Weidentipi genauer anzusehen. Das Tipi ist wirklich beeindruckend – eine Art Pavillon aus Weidenruten, mit Kokosseilen fest verwebt. Wenn die Weiden jetzt tatsächlich austreiben, wird das ein gemütlicher grüner Rückzugsort für die Kinder. Und der Heilkräutergarten ist auch ganz allerliebst geworden: Kamille, Johanniskraut, Fenchel, Schafgarbe, Thymian … Doch was ist das? Wenn ich mich nicht vollkommen täusche, wächst da am Rand des Heilkräuterbeets eine zarte, kleine Cannabis-Pflanze. Ich hocke mich hin, um die Blätter besser begutachten zu können und um meinen Verdacht zu bestätigen, denn vor dieser Pflanze fehlt das kleine hölzerne Namensschildchen.

»Bitte nicht klauen!«, sagt eine Stimme hinter mir. Und als ich mich umdrehe, steht da der junge Referendar und nestelt an seiner Brille herum.

»Hatte ich nicht vor. Ist das Ihre?«

»Ein Ableger. Ich habe so viele davon. Und strenggenommen ist es ja auch eine Heilpflanze«, sagt Herr Soltau.

»Schon klar, aber halten Sie es wirklich für richtig, ausgerechnet an einer Grundschule Cannabis anzubauen? Weiß Frau Horst davon?«, frage ich einigermaßen fassungslos.

»Pfff, die Horst. Natürlich nicht! Das würde die ja nie erlauben. Ich hab ja auch gar nichts vor mit der Pflanze, ich wollte da ja nichts ernten und wahrscheinlich geht die hier eh ein. Hatte halt nur all diese Ableger und wollte keinen wegschmeißen.«

»Herr Soltau, ganz ehrlich – ich würde für ihr Pflänzchen einen neuen Platz suchen. Denn wenn rauskommt, dass Sie als angehender Lehrer im Zuge eines Schulprojekts im Schulgarten Drogen anbauen, sehe ich ehrlich gesagt schwarz für Ihre Karriere. Und das sage ich nicht, weil ich grundsätzlich was gegen Cannabis habe, ganz im Gegenteil. Aber ich zweifle hier ein wenig an Ihrer Urteilskraft.«

Hannah hat inzwischen begonnen, ein paar Schnecken zwischen den kleinen Pflanzenstauden einzusammeln und hält sie dem verwirrten Referendar auf ihrer Handfläche entgegen. »DA! NECKE!«, ruft sie in ihrem üblichen Befehlston.

Herr Soltau will gerade etwas erwidern, da sehe ich

Benni-Papa auf mich zulaufen. »Schatz, du musst mal kommen. Da tippt irgendeine Mutter auf deinem Rechner herum. Und sie sieht wütend aus.«

Wütend? Wer auch immer es wagt, auf meinem Laptop herumzutippen, wird gleich mal sehen, wie ich aussehe, wenn ICH wütend bin. Ich lasse Hannah, Benni-Papa und den Referendar einfach stehen und laufe quer über den Schulhof zurück ins Schulgebäude, wo tatsächlich eine Mutter an dem kleinen Tischchen hockt, auf dem ich Beamer und Computer aufgebaut habe, und hektisch meine Tastatur bearbeitet.

»Hallo? Entschuldigung! Darf ich mal fragen, was Sie da machen?«, sage ich, mühsam meine Mordgelüste unterdrückend. Dass man meinen Computer nicht ungefragt befingert, weiß und akzeptiert ja sogar schon meine zweijährige Tochter. Was also will diese aufgetakelte Tussi an meinem heiligen Arbeitsgerät?

»Was ich hier mache? Die Frage möchte ich gleich zurückgeben. Was machen SIE hier mit dem Bild meiner Tochter? Wer hat Ihnen das Recht gegeben, mein Kind zu fotografieren? Ich kann mich weder daran erinnern, zugestimmt zu haben, dass Sie mein Kind fotografieren, noch dass Sie das Bild hier auch noch öffentlich zeigen! Ich verlange, dass Sie alle Bilder mit meiner Tochter sofort löschen. Sonst mache ich es nämlich, ich habe damit bereits angefangen.«

»Sie löschen einfach Fotos? Von meinem Computer? Sind Sie noch ganz dicht?«, rufe ich aufgebracht.

»Allerdings. Schon mal was vom Recht am eigenen Bild gehört? Das Bild meines Kindes hat auf Ihrem Computer nichts zu suchen. Auch nicht auf Ihrer Facebook-Seite oder wo auch immer Sie sonst noch Kinderbilder veröffentlichen.«

»Hören Sie«, sage ich durch zusammengepresste Zähne, während ich die Trulla von meinem Rechner wegschiebe. »Ich betreibe keinen Kinderpornoring. Ich wurde damit beauftragt, den Entstehungsprozess der einzelnen Projekte zu fotografieren, das habe ich gemacht. Da sind eben zwangsläufig auch Kinder zu sehen. Welches ist denn nun Ihr so besonders schützenswertes Töchterlein?«

Die aufgebrachte Mutter zeigt auf eine kleine, blonde Viertklässlerin mit sehr süßen Sommersprossen, die auf beinahe jedem meiner Bilder zu sehen ist. Wofür ich überhaupt nichts kann, denn ab dem zweiten Tag der Projektwoche, sprang mir dieses Mädchen schon im Foyer entgegen, marschierte mit mir fröhlich von Projekt zu Projekt und mogelte sich dann auf beinahe jedes Foto – immer in anderer Pose.

»Sie sehen schon, dass Ihr Kind eine gewisse Neigung erkennen lässt? Sie war eine ganze Woche lang meine kleine Stalkerin und wollte auf jedem Bild mit drauf sein. Auch bei den Projekten, bei denen sie gar nicht mitgemacht hatte.«

»Stalkerin? Meine Tochter? Vielleicht haben Sie sie ja animiert? Weil Sie so besonders hübsch ist und von dem Umstand ablenkt, dass Sie eine verdammt miese Fotografin sind?«

»Die ist doch gar nicht hübsch«, sagt Bastian, der sich zusammen mit einer Gruppe Schüler und Eltern um uns versammelt hat, um unserem immer lauter werdenden Streitgespräch zu lauschen.

Ausgerechnet HochbeGabi springt mir zur Seite, denn

183

sie will auf gar keinen Fall, dass die Fotopräsentation abgebrochen wird, jetzt, da doch gleich die Frau Bürgermeisterin vorbeischaut. Da sei es doch wichtig, dass ganz klar das Engagement jedes einzelnen Kindes abgebildet sei. Und auch Heli-Helga äußert ihre Sorge, dass einige Kinder sehr traurig sein könnten, wenn sie nun – wegen einer Mitschülerin – überhaupt nicht zu sehen wären.

»Nur weil Sie Ihre kleine Wichtigtuerin nicht im Griff haben, soll sich meine Tochter nicht angemessen präsentieren dürfen?«, ruft HochbeGabi. »Luisa hat das Insektenhotel quasi im Alleingang gebaut, da ist es das Mindeste, dass sie auch in der Fotopräsentation zu sehen ist.«

»Stimmt doch gar nicht, ich hab auch beim Insektenhotel mitgemacht«, ruft Juri aus Bens Klasse. Und noch ein paar andere Kinder protestieren.

Die aufgebrachte Mutter meiner kleinen Fotostalkerin lässt sich davon nicht beirren.

»Ich verbitte mir, dass so über mein Kind gesprochen wird«, sagt sie scharf. »Und jetzt löschen Sie gefälligst alle Bilder, auf denen meine Tochter zu sehen ist!«

»Sonst?«

»Sonst verklage ich Sie. Hier, meine Karte.« Und dann reicht sie mir eine sehr edel aussehende Visitenkarte mit dem Namen einer sehr wichtigen und großen Anwaltskanzlei darauf.

»Mann, Mama, voll peinlich«, höre ich eine Mädchenstimme aus dem Pulk von Kindern. Ich seufze und schiebe die gesamte Datei in den Papierkorb auf meinem Computerbildschirm.

»Na, geht doch«, schnaubt die Mutter. »Wirklich unglaublich, so was.«

Dann rauscht sie zusammen mit ihrer sich sichtlich schämenden Tochter ab. HochbeGabi und Heli-Helga ziehen ebenfalls kopfschüttelnd von dannen, nur Momo-Papa legt mir die Hand auf die Schulter und sagt: »Sei nicht traurig. Die Projekte sprechen doch alle für sich.«

»Ich bin nicht traurig. Ich bin scheißwütend, weil ich mir gestern Abend sehr viel Mühe mit dieser Präsentation gemacht habe und das alles völlig umsonst war.«

»Aber es ist doch der Gedanke, der zählt«, versucht Momo-Papa es noch einmal, aber ich habe die Faxen dicke für heute. Klappe meinen Computer zu, baue den Beamer wieder ab und fluche innerlich, dass es auf einem Grundschulgrillfest aus offensichtlichen Gründen keinen Alkohol gibt. Marschiere also auf den Schulhof, hole mir noch eine Bratwurst und stelle mich in die Schlange vor dem Kinderpunsch an, den die patente Schulsekretärin ausschenkt.

In mir brodelt es noch immer, denn ich bin wirklich ganz schlecht im Verlieren. Wie hätte ich denn bitte ahnen sollen, dass irgendjemand ein Problem damit haben könnte, dass ich die Kinder fotografiere? Die Schulsekretärin, die aus einem großen Getränkespender Apfelpunsch ausgibt, scheint meine Gedanken lesen zu können – jedenfalls reicht sie mir meinen Becher und flüstert: »Sie sehen aus, als könnten Sie einen kleinen Schuss drin vertragen. Die Dame da hinten, mit dem strassbesetzten Sweatshirt und den Cowboystiefeln – die kann Ihnen behilflich sein.«

Tatsächlich, da hinten steht Proll-Jenny und prostet mir aus der Ferne mit ihrem Apfelpunschbecher zu. In der anderen Hand hält sie eine Cola-Flasche, die allerdings nicht mit Cola, sondern mit einer klaren Flüssigkeit gefüllt ist.

»Sag bloß, du hast da Schnaps drin«, flüstere ich hoffnungsvoll.

»Na logisch, was glaubst du denn«, kichert Proll-Jenny. »Ohne hält man so was doch nicht aus. Willst du was in deinen Punsch?«

Klar will ich.

»Rate mal, wer mir hier schon die halbe Flasche weggezogen hat – der Direktor! Echt netter Mann, muss ich sagen«, sagt Proll-Jenny, offenbar schon leicht beschwipst. »Ich glaub ja, der will was von mir.«

»Bestimmt, Jenny«, lüge ich. Ich bin mir ziemlich sicher, der Direktor ist vor allem am Schnaps interessiert. Und wenn ich ihn mir so ansehe, wie er ein paar Meter weiter Aufmerksamkeit simulierend mit dem Kopf nickt, während Heli-Helga ihm auseinandersetzt, wie unverantwortlich sie das Projekt »Insektenhotel« ganz grundsätzlich findet – schließlich sei dies ja nun geradezu eine Einladung für Schädlinge aller Art, sich in der Schule breitzumachen und erhöhe die Gefahr potentiell tödlicher Wespen- und Bienenstiche –, dann verstehe ich, warum der Mann sich auf Zusammenkünften dieser Art heimlich Alkohol organisiert. Wer weiß, vielleicht liegt Referendar Soltau ja gar nicht so daneben mit seiner Cannabis-Pflanze im Schulgarten? Vielleicht findet er im Direktor einen willigen Paten für das zarte Pflänzlein?

Das Fest neigt sich so langsam dem Ende zu, der Punsch ist alle, die Bratwürste sind vertilgt, nur auf dem Vegetarier-Grill kokeln noch ein paar ungeliebte Gemüsespieße, Tofu-Würste und Grillkäsescheiben vor sich hin, die keiner mehr haben will. Benni-Papa beauftragt Ben und Johnny, die immer noch heiße Kohle zu entsorgen, damit wir unseren Grill langsam abbauen und wieder im Auto verstauen können. »Am besten vergrabt ihr sie im Garten, da ist die Erde doch gerade eh schön locker, dann kann auch nichts passieren«, sagt mein Mann.

»Ich weiß einen guten Platz für die Kohle«, ruft Johnny und trägt dann zusammen mit Ben und Leon alle drei Grills nacheinander vorsichtig davon. Benni-Papa drückt mir Hannah und Pupsis Hundeleine in die Hand, weil er auch noch schnell was besorgen muss.

Als wir schließlich alle im Auto sitzen – ich mit leichtem, sehr angenehmem Schwips auf dem Beifahrersitz, hinten Pupsi, Hannah und Ben (alle drei müde und mit sehr vielen Würstchen im Bauch), drückt Benni-Papa mir eine braune Papiertüte in den Arm.

»Was ist das denn?«

»Ein schützenswerter kleiner Zögling für unsere Fensterbank«, sagt Benni-Papa und grinst. Ich schaue in die Tüte und sehe die ausgebuddelte Cannabis-Pflanze aus dem Schulgarten.

»Bist du irre?«, frage ich.

»Warum denn? Der Referendar hat sie mir angeboten. Und im Schulgarten kann sie ja kaum bleiben. Du sagst doch immer, wir sollen nicht immer alles Grünzeug verkommen lassen.«

»Ja, damit meine ich aber den Salat und den Brokkoli in unserem Kühlschrank und keine Drogen!«

»Noch ist es nur eine Pflanze und keine Droge, Schatz. Und gerade DU scheinst ein wenig Entspannungshilfe nötig zu haben.«

Dann muss Benni-Papa ziemlich scharf bremsen, weil

uns ein Feuerwehrlöschzug mit Blaulicht und Sirene entgegenkommt und die Autos auf beiden Spuren eine Gasse in der Mitte bilden müssen, um ihn durchzulassen.

»Sag mal, Ben«, frage ich mit einem plötzlich sehr mulmigen Gefühl im Bauch. »Wo genau habt ihr eigentlich die heißen Kohlen entsorgt? Ihr habt die doch verbuddelt, oder?«

Schweigen auf der Rückbank.

»Ben?«

»Also … Wir haben die ins Tipi getan. Als Feuerstelle. Haben die Indianer ja auch«, sagt Ben verdruckst.

Schweigend fahren wir nach Hause. Zum Glück sind nächste Woche ohnehin Ferien. Aber wenn Ben, Johnny und Leon nicht nur das Weidentipi, sondern auch gleich die Schule mit abgefackelt haben, bekommen wir wohl ein echtes Problem. Zum Glück habe ich ja jetzt die Visitenkarte einer resoluten, erfolgreichen Anwältin. Einer Anwältin, die mir noch etwas schuldig ist.

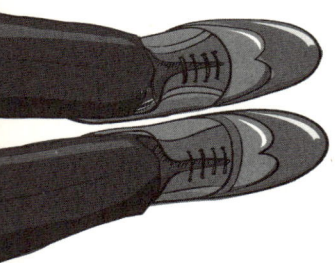

Safety first!

Ein Elternabend über Feuer, Schnittwunden und Kackastrophen

Ich bin die beste Ehefrau der Welt. Mit Abstand. Glauben Sie nicht? Ich kann es beweisen! Wer sonst würde gleich nach den Osterferien freiwillig zu einem eiligst einberufenen Elternabend zum Thema »Sicherheit« erscheinen, nachdem der eigene Sohn zuvor ein schuleigenes Weidentipi abgefackelt hat? Woran ausschließlich der Kindsvater schuld ist, der dem Sechsjährigen die Entsorgung der heißen Grillkohle anvertraut hat, ohne zu überprüfen, was der damit macht? Was einen Feuerwehreinsatz nach sich zog, dessen Kosten wir wohl teilweise übernehmen müssen? Da hätte doch eigentlich der Gatte den Gang nach Canossa antreten und beim Elternabend den zerknirschten Rabenvater geben können. Aber ach! Der Liebste wurde von einem todbringenden Männerschnupfen aufs Krankenlager geworfen, wo er schniefend um Gnade winselt und so lange »Bitte« hustet, bis ich mich bereit erkläre, ihn zu vertreten.

Ich schleiche also ins Klassenzimmer der 1b und fühle die sowohl mitleidigen als auch schadenfrohen Blicke der anderen Eltern auf mir. Heli-Helga hat mir zwar schon gesagt, dass »der Vorfall« nicht der alleinige Grund für den Elternabend ist, aber die doch sehr hektische Einberufung gleich am ersten Schultag nach den Ferien deutet darauf hin, dass »der Vorfall« die Dringlichkeit deutlich verstärkt hat.

Ich hocke mich auf Bens kleines Stühlchen, direkt neben Momo-Mama. »Tut mir wirklich sehr leid, das mit eurem Tipi«, flüstere ich ihr zu, aber sie lächelt mich freundlich an und sagt:

»Alles ist im Fluss. Die Dinge werden und vergehen. Für uns war es wichtig, das Tipi zu bauen, nicht, es zu behalten. Der Weg war das Ziel. Und es war ein wirklich schönes, würdiges Feuer.«

»Danke, das ist sehr großmütig von dir. Ich fürchte nur, die Kinder sehen das nicht ganz so.«

Obwohl, da fällt mir wieder ein, wie großartig und aufregend die Kinder vermutlich den Feuerwehreinsatz in ihrem Schulgarten fanden – viel aufregender als das Weidentipi, das ohnehin bald von sich prügelnden Viertklässlern niedergerissen worden wäre. Aber egal, ich schaue noch eine Weile betont demütig zu Boden, damit in der anwesenden Elternschaft auch ja keine Zweifel über den Grad meiner Zerknirschtheit aufkommen.

Frau Horst beendet mit einem kurzen Pfiff in ihre Trillerpfeife das allgemeine Elterngemurmel und hält einen kurzen Vortrag über die anstehende Brandschutzübung in der Schule sowie das neue Klassenschwerpunktthema »Feuer«.

»Es ist wichtig, dass die Kinder den sicheren Umgang mit Feuer lernen, dazu werden wir aus aktuellem Anlass über die Gefahren sprechen, aber auch ganz praktisch mit Feuer arbeiten.«

Ich sehe förmlich, wie sich Heli-Helgas Puls erhöht.

»Wundern Sie sich also nicht, wenn Ihnen die Kinder von Feuerexperimenten erzählen. Wir werden verschiedene Materialien abbrennen, damit die Kinder ein Bewusstsein dafür bekommen, wie schnell so etwas außer Kontrolle geraten kann«, sagt Frau Horst.

»Ich denke mal, das haben die Kinder schon beim Grillfest gesehen«, sagt Leon-Mama.

»Sie werden den Kindern doch Schutzbrillen aufsetzen? Wegen des Funkenflugs?«, fragt Heli-Helga. Und HochbeGabi, die schon wieder sehr gestresst wirkt und ungeduldig mit ihrem kleinen silbernen Kugelschreiber tackert, sagt in sehr genervtem Tonfall:

»Wirklich, die Kinder dümpeln hier immer noch im Zahlenraum bis zwanzig rum, und die meisten können immer noch nicht vernünftig lesen, und da vergeuden Sie wertvolle Unterrichtszeit mit so etwas? Können Sie nicht einfach einen zehnminütigen Film über die Gefahren von Feuer zeigen?«

»Also ich finde schon, dass eine sinnliche Erfahrung deutlich besser ist als ein Film«, sagt Momo-Papa. »Überhaupt fände ich wichtig, dass mit Bildschirmmedien sparsam umgegangen wird. Die Kinder sollen die Elemente spüren, sich ihrer Kraft und Energie aussetzen und die Welt nicht einfach nur gefiltert wahrnehmen.«

»Ach Gottchen, dann macht doch mit eurem komischen Kind mal ein Lagerfeuer vor eurer Lehmhütte und schächtet ein Gnu«, ätzt Theo-Papa. »Irgendwann muss es auch mal gut sein mit dem Naturgedöns. Und nur, weil irgendwelche Pappnasen hier ihre Kinder nicht im Griff haben, fällt jetzt der Unterricht wegen Feuerspielchen aus, oder was?«

Er meint mich! Ich bin eine der Pappnasen, die ihr Kind nicht im Griff hat. Ich will gerade etwas erwidern, aber Proll-Jenny, heute kampflustig als schwarzlederne Rockerbraut erschienen, ist schneller:

»Ey, hast du Pappnase zu mir gesagt? Weil dein langweiliger Streberbubi immer nur Sudokus löst und nie was Verbotenes macht?«

»Na wenigstens ist er kein völlig zügelloses ADHS-Wrack, so wie dein Sohn«, giftet Theo-Papa zurück.

»Darüber macht man keine Witze, das ist eine ernste Krankheit«, sagt Lena-Mama. »Und nur, weil Johnny ein sehr dynamischer Typ ist, heißt das ja noch lange nicht, dass er ADHS hat.«

»Siehste? DYNAMISCH!«, ruft Proll-Jenny triumphierend. »Johnny ist dynamisch und risikofreudig. Ein echter Leader. Nicht so 'ne Lusche wie deiner! Später, wenn die beiden mal fett im Business unterwegs sind, wird mein Johnny dein kleines Weichei so was von plattmachen, Alter!«

Jetzt reden alle aufgebracht durcheinander, und ich überlege, welchen Part wohl Ben innehatte bei der Aktion mit den heißen Kohlen im Weidentipi. War er selbst auch ein dynamischer, risikofreudiger Anführer? Oder eher ein Mitläufer? Ein williger Vollstrecker von Killer-Johnnys dummer Idee?

Frau Horst unterbricht das aufgeregte Gemurmel und meine Gedanken mit einem kurzen Pfiff in die Trillerpfeife, über die sich lustigerweise schon niemand mehr aufregt.

»Ich nehme Ihre Sorgen zur Kenntnis und versichere Ihnen, dass der sonstige Unterricht nicht zu kurz kommt. Und jetzt würde ich gerne einen weiteren Aspekt ansprechen, der ja auch schon kurz angedeutet wurde: die Mediennutzung. Insbesondere den Gebrauch von Handys und Smartphones. Ich sage Ihnen das ganz deutlich: Ich dulde keine eingeschalteten Handys in meinem Unterricht. Immer mehr Kinder bringen ihre Handys mit, und sollte ich mitbekommen, dass sie sie im Unterricht benutzen, kassiere ich sie ein. Ersparen Sie Ihren Kindern also bitte die Schmach, indem Sie sie gar nicht erst anrufen während der Unterrichtszeit.«

»Aber ich muss doch meinen Sohn erreichen können«, protestiert Heli-Helga. »Ich bin seine Mutter! Ich habe das Recht, zu jeder Zeit zu wissen, wo sich mein Sohn aufhält.«

»Aber das wissen Sie doch«, kontert Frau Horst. »Er sitzt hier in meinem Klassenzimmer und versucht, sich auf den Unterricht zu konzentrieren. Was schwierig ist für Gustav, wenn Sie ihn zwischendurch anrufen oder eine SMS schicken.«

»Nein, das weiß ich eben nicht. Wie kann ich wirklich sicher sein, dass mein Sohn auch tatsächlich in der Schule ankommt? Was, wenn er auf dem Schulweg von einem Auto angefahren, entführt oder überfallen wird? Sie würden einfach davon ausgehen, dass er krank ist. Und bis ich mitbekomme, dass Gustav etwas Schreckliches passiert ist, ist schon viel kostbare Zeit verstrichen. Die Täter könnten mit ihm schon längst über der Landesgrenze sein.«

Zustimmendes Gemurmel in Teilen der Elternschaft. Nicht alle würden so weit gehen, ihre Kinder während des Matheunterrichts anzurufen – aber das Argument mit dem Schulweg scheint vielen doch plausibel.

»Deshalb bringe ich meinen Sohn mit dem Auto«, sagt Theo-Papa. »Leider stoße ich mit meinen Bitten um mehr Halteplätze vor dem Schultor bislang ja auf taube Ohren.«

»Aber es ist doch statistisch gesehen absolut unwahrscheinlich, dass die Kinder auf dem Schulweg entführt werden«, sage ich zaghaft.

»Es ist statistisch gesehen auch absolut unwahrscheinlich, dass irgendjemand auf die beknackte Idee kommt, heiße Kohlen in ein Bauwerk aus trockenen Zweigen zu kippen«, giftet Lea-Mama. »Ich finde es absolut berechtigt, dass die Kinder Handys dabeihaben. Gerade unter Sicherheitsaspekten.«

»Es gibt ja inzwischen auch die Tracking-Apps, mit denen man jederzeit sehen kann, wo sich das Kind aufhält. Benutze ich schon seit langem«, sagt Theo-Papa. »Sehr praktisch, auch für Ehefrauen, hahaha.«

»Nee, also das sehe ich anders. Wenn die Kinder Handys haben, fangen sie auch an, untereinander ständig SMS oder WhatsApp-Nachrichten zu schreiben, irgendwann verabreden sie sich gar nicht mehr, sondern treffen sich nur noch online. Wer nicht dabei ist in der WhatsApp-Gruppe ist der totale Außenseiter in der Klasse. Irgendwann fangen sie an, Nacktbilder von sich rumzuschicken, die Bilder landen in sozialen Netzwerken, dann kommt das Cybermobbing, dann die psychischen Probleme, das Schulversagen, die Essstörungen. Könnt ihr mir alles glauben, Juri hat zwei ältere Schwestern, die gerade durch die Hölle gehen. Und das alles, weil jedes Kind heutzutage ein Handy hat, noch bevor es in der Lage ist, die Folgen seines Tuns zu überblicken. Erstklässler brauchen keine Handys. Punkt«, sagt Juri-Mama.

»Dann schlage ich vor, den Umgang mit dem Handy im Unterricht zum Thema zu machen«, sagt Heli-Helga. »Wenn die Kinder hier mit Streichhölzern umzugehen lernen, warum dann nicht auch mit ihren Handys? Das könnte man doch ganz wunderbar in den Unterricht integrieren und …«

»Moment«, rufe ich. »Das setzt voraus, dass jedes Kind auch ein Handy hat, und ich habe nicht vor, Ben eines zu kaufen.«

»Könntest ihm ja auf jeden Fall schon mal beibringen, wie man die Feuerwehr ruft«, sagt HochbeGabi und kichert.

»Ein Handy für Momo kommt für uns auch nicht in Frage, wir wollen ihr gern ein Stück unbeschwerte Kindheit bewahren. Und von den Funkwellen und dem Elektrosmog, dem die Kinder durch die vielen Handys ausgesetzt sind, haben wir hier ja noch gar nicht gesprochen«, sagt Momo-Papa.

»Gut, wenn sich hier so viele dem Fortschritt verweigern, bitte sehr. Aber wie lösen wir jetzt das Sicherheitsproblem? Ich erwarte da eigentlich vonseiten der Schule ein schlüssiges Konzept«, sagt Heli-Helga.

Frau Horst seufzt und sagt, die Schule habe bereits ein schlüssiges Konzept. Sie vertrete nämlich den Ansatz, dass die Schülerinnen und Schüler in der Lage sein sollten, ihren Schulweg selbst zu meistern. Und dass es wichtig ist, ihnen Vertrauen ins Leben zu geben und sie nicht mit den irrationalen Ängsten der Erwachsenen zu befrachten. Sie würde aber – wenn es die Eltern beruhige – gern immer eine halbe Stunde nach Unterrichtsbeginn eine SMS von ihrem eigenen Handy an ein Elternteil unserer Wahl schicken, dass alle Kinder gut angekommen seien, beziehungsweise welche Kinder fehlen. Diese SMS könne dann gern über unseren Elternverteiler geschickt werden. Im Gegenzug bitte sie darum, den Schülern keine Handys mehr mitzugeben. Oder wenigstens dafür zu sorgen, dass sie während des Unterrichts ausgeschaltet bleiben.

»Das gilt auch für unseren nächsten Punkt: die Klassenfahrt«, sagt Frau Horst. »Sie haben ja alle die Listen bekommen mit Dingen, die die Kinder auf jeden Fall dabei haben sollten. Auch hier würde ich Sie bitten, keine Handys mitzugeben. Wir sind ja nur eine Woche weg, und die Kinder werden angehalten, jeden Tag eine Postkarte nach Hause zu schreiben, damit Sie wissen, wie es ihnen geht.«

»Postkarten? Ist das Ihr Ernst? Hallo? Sind wir hier im Jahr 1972 oder was?«, fragt Theo-Papa. Und Heli-Helga erzählt, dass es inzwischen total schöne Postkarten-Apps gebe, da könne man mit dem Smartphone ein Foto machen und einen Text eingeben und der Empfänger erhalte eine echte Postkarte auf Papier. Ob es da nicht doch vielleicht sinnvoll wäre, die Handys mitzunehmen?

»Ich habe ja viel mehr Bedenken, dass wir den Kindern Taschenmesser mitgeben sollen«, sagt Lena-Mama. »Ist das nicht zu gefährlich?«

»Wann war eigentlich Ihr letzter Erste-Hilfe-Kurs, wenn ich das mal fragen darf? Und wie sieht es bei Herrn Soltau aus?«, fragt Theo-Papa.

»Ja, und wie wollen Sie verhindern, dass sich die Kinder gegenseitig abstechen?«, fragt Lea-Mama alarmiert. »Ich meine, darf Basti auch ein Messer dabei haben? Weiß er, wie man damit umgeht? Hat er seine Impulse im Griff?«

Frau Horst hebt beschwichtigend die Arme. »Es sollen wirklich nur kleine Taschenmesser sein, mit denen die Kinder mal einen Stock schnitzen können. Das Verletzungsrisiko ist absolut gering, maximal schneiden sie sich selbst in die Finger, und wir haben immer ausreichend Verbandsmaterial dabei. Und wenn einer hier seine Impulse im Griff hat, dann ist es Basti.«

»Gustav hat eine wirklich sehr seltene Blutgruppe, ich würde ihm alle wichtigen Notfallnummern und eine Kopie seines Impfpasses laminieren und in einen Brustbeutel stecken, den er dann immer um den Hals tragen sollte. Können Sie da dann bitte drauf achten?«, sagt Heli-Helga.

»Vielleicht wäre auch eine Taschenkontrolle vor der Abreise sinnvoll. Nicht dass die üblichen Verdächtigen heimlich Streichhölzer mitnehmen«, merkt HochbeGabi noch höhnisch an.

Dann meldet sich Max-Mama, die sonst eigentlich nie was sagt, aber offensichtlich ein wichtiges Anliegen hat. »Also, ich weiß nicht, wie ich das sagen soll, aber ich wüsste wirklich gern, ob vielleicht andere auch das Problem haben und wie ihr damit umgeht. Max hat, seit er in die Schule geht, echte Probleme beim … Kacken. Also, er hat solche Angst, hier in der Schule aufs Klo zu müssen, dass er es sich lieber verkneift. Dann bekommt er Verstopfungen und Bauchweh. Manchmal schafft er es noch morgens vor der Schule, aber manchmal auch nicht, weil er sonst zu spät kommen würde, und dann ist er total unglücklich.«

»Bei uns genau das Gleiche«, sagt Juri-Mama.

»Hier auch«, offenbare ich mich, ehrlich erleichtert, dass ich nicht die Einzige bin, die sich um den Stuhlgang ihres Sohnes sorgt, obwohl ich doch dachte, mich bei einem fast Siebenjährigen nun wirklich nicht mehr mit Kacke beschäftigen zu müssen.

»Bei uns auch. Bin froh, dass das mal einer anspricht«, sagt Lena-Mama.

»Und ich bin jetzt doch auch ehrlich erleichtert«,

sagt Theo-Mama. »Ist ja wirklich kein sehr angenehmes Thema.«

»Wir hatten das Problem auch, aber Momo hat das mit Leinsamen gut in den Griff bekommen. Einfach morgens einen Löffel voll mit in einen grünen Smoothie mixen, dann klappt es noch vor der Schule«, sagt Momo-Mama.

»Ich wecke Gustav einfach etwas früher, denn er hat es gern gemütlich und braucht seine Zeit auf dem Klo. Die hat er natürlich hier in der Schule nicht, hier steht er ja immer unter Druck. Es wäre also schon wichtig, dass Sie sensibel sind für diese Problematik, gerade auf der Klassenfahrt«, sagt Heli-Helga in Richtung von Frau Horst.

»Boah ey, nicht mal kacken können eure Kinder, ohne dass ihr ihnen die Hand haltet«, murmelt Proll-Jenny kopfschüttelnd und immer noch laut genug, dass zumindest ich sie hören kann. Immerhin befindet sie sich damit wohl zum ersten Mal in stiller Eintracht mit HochbeGabi, die – die Mundwinkel zu einem ebenso spöttischen wie angewiderten Grinsen verzogen – ausnahmsweise mal die Klappe hält und nicht mit den astreinen und pünktlich abgelieferten Turbowürsten ihrer Tochter prahlt.

Herr Soltau, der junge Referendar, schaut mit leerem Blick aus dem Fenster und fragt sich wahrscheinlich gerade, ob er nicht doch noch mal zurück an die Uni gehen und etwas anderes studieren sollte, wo man weniger mit Kindern und Eltern zu tun hat. Nur Frau Horst guckt ungewohnt milde und sagt: »Ich kann Ihre Sorgen sehr gut verstehen. Und glauben Sie mir, das ist ganz normal. Fast alle Kinder in der ersten Klasse haben das Problem, es regelt sich irgendwann von ganz allein. Haben Sie schon mal die Toiletten hier in der Schule gesehen? Da will sich wirklich kein Mensch länger aufhalten als unbedingt nötig. Es gibt immer Probleme mit dem Reinigungsdienst, die Türen schließen nicht richtig, einige ältere Schüler machen sich regelmäßig einen Spaß daraus, die Klos zu verstopfen und alles unter Wasser zu setzen. Jedes Jahr beim großen Spendenlauf kommt ein wenig Geld zusammen, mit dem wir die Toiletten sanieren lassen, meist hält das Ergebnis keine zwei Monate. Es ist zwecklos. Ich bin seit so vielen Jahren an dieser Schule, es ändert sich nichts. Und die Kinder reagieren darauf mit der Anpassung ihres Stoffwechsels. Spätestens ab der zweiten Klasse erledigen alle ihr großes Geschäft zu Hause vor dem Unterricht. Sollten Ihre Kinder morgens zu spät kommen, weil sie noch aufs Klo müssen – geben Sie ihnen einfach eine kleine schriftliche Mitteilung mit. Es ist einer der wirklich ganz wenigen Gründe für Unpünktlichkeit, die ich absolut verstehen kann und nicht sanktioniere.«

Kurze verdutzte Stille in der Runde. Dann bricht es aus Max-Mama heraus: »Das hätten Sie uns ruhig schon früher mal sagen können!«

»Da wusste ich noch nicht, dass so viele in der Klasse das Problem haben«, erwidert Frau Horst. »Und auf der Klassenfahrt haben wir das im Blick. Wir planen für Toilettengänge aller Art genügend Zeit ein, so dass sich keiner unter Druck gesetzt fühlt. Stimmt's, Herr Soltau?«

Der Referendar lächelt gequält.

»Sind wir dann soweit? Ich müsste so langsam auch mal einen abseilen gehen, wo wir hier schon die ganze Zeit darüber sprechen«, ruft Proll-Jenny von hinten aus der letzten Bank.

»Abseilen?«, fragt Momo-Mama. »Wen denn abseilen?«

»Na 'ne Wurst, du Hirnie. Ich muss kacken«, sagt Proll-Jenny, steht auf, schnappt sich ihre Lederjacke und geht zur Tür. Dreht sich noch mal um, macht einen Schmollmund und sagt: »Na, will einer von euch Pfeifen abputzen kommen? Braucht ihr nicht, ich kann das schon allein.«

Als ich später nach Hause komme, stellt sich Benni-Papa schlafend. Was ich daran erkenne, dass er nicht schnarcht. Was er unter Garantie täte, würde er wirklich schlafen, zumal mit einer saftigen Erkältung. Aber er hat wahrscheinlich Angst vor einer ehefraulichen Motzattacke, nachdem ich ja nun den Elternabend ausbaden musste, den er uns eingebrockt hat.

»Keine Angst, ich meckere gar nicht«, sage ich, als ich ins Bett steige. Benni-Papa öffnet vorsichtig die Augen, so als würde er dem Frieden noch nicht ganz trauen. »Aber du hast echt was verpasst. Bens Missetat und unser erzieherisches Versagen waren eigentlich nur ganz kurz Thema. Dann ging es noch um Handys und um Taschenmesser. Und schließlich haben wir endlich das letzte große Tabu der Kindererziehung besprochen: den Stuhlgang und die Verdauungsprobleme von Erstklässlern.«

»Nicht dein Ernst!«, schnieft mein Mann.

»Doch, mein voller Ernst. Wir sind nicht allein. Auch andere Kinder haben Probleme beim Kacken.«

»Lass mich raten: Luisa drückt in Wahrheit Golddukaten ab, Gustav bekommt von seiner Mama noch den Po abgewischt und Johnny kann genauso gut scheißen wie er bescheißen kann«, ächzt mein Mann. »Gott, bin ich froh, dass ich da nicht dabei war.«

Von der Premium- zur Drohnen-Mutti

Ben geht auf Klassenfahrt, und ich flippe aus

Das Schuljahr neigt sich dem Ende entgegen – jedenfalls fühlt es sich so an. Zwar sind es noch fast vier Wochen bis zum Beginn der Sommerferien, aber Frau Horst scheint schon mal ordentlich den Fuß vom Gas zu nehmen, ich finde kaum noch unausgefüllte Arbeitsblätter in Bens Schulranzen, und er hat auch keine einzige klitzekleine Hausaufgabe mehr auf. Dafür fährt Ben in einigen Tagen auf seine allererste Klassenfahrt. Eine ganze verdammte Woche lang.

Er war noch nie so lang allein von zu Hause weg, nicht mal, wenn er seine Großmutter besucht hat. Und das Schlimmste: Es macht ihm überhaupt nichts aus! Er freut sich wie verrückt! Während ich jeden Tag, den die Abreise näherrückt, versuche, meine aufkommende Panik zu unterdrücken. Denn ich will ja nicht, dass Ben das Gefühl bekommt, ich traue ihm das nicht zu. Er kann ja nicht ahnen, dass ich das vor allem mir selbst nicht zutraue. Alles fühlt sich plötzlich wieder so an wie in den Wochen vor seiner Einschulung, das nagende Gefühl eines nahenden Verlustes oder wenigstens eines tiefen Einschnitts, den der Kindsvater wieder mal nur bedingt nachfühlen kann.

Wie schon bei der Einschulung versuche ich auch jetzt, der Angst mit übersteigertem Konsum zu begegnen.

Sprich: Ich shoppe. Das Kind fährt eine Woche lang in die Wildnis, schläft in einfachen Holzhütten im Wald, verrichtet seine Notdurft auf Plumpsklos, ernährt sich von Schullandheimeintopf und Stockbrot – da soll es von meiner Seite aus mit dem besten Survival-Equipment ausgestattet werden, das es auf dem Markt zu kaufen gibt. Ich besorge: neue Wanderschuhe und eine Funktionswetterjacke (beides sowohl wasserabweisend als auch atmungsaktiv), Thermounterwäsche, Thermosocken, ein kleines Notfallset mit Pflastern und sterilem Verbandsmaterial, ein Multifunktionstaschenmesser für Kinder, eine Taschenlampe, deren Licht sogar von der Internationalen Raumstation ISS aus geortet werden könnte, einen Schlafanzug ohne peinliche Bärchen drauf sowie einen Kinderwanderrucksack mit eingebautem Kühlelement.

»Hast du auch an die Leuchtraketen und die Trinkwasseraufbereitungstabletten gedacht?«, fragt mein Mann mit unverhohlenem Spott. »Was ist mit Malaria-Prophylaxe? Und meinst du nicht, wir sollten uns noch um eine kindgerechte Bärenfalle für unseren Erstgeborenen bemühen? Immerhin wird er einige Tage in der Wildnis vor den Toren der Stadt hausen. Er sollte wirklich auf alles vorbereitet sein!«

Ich ignoriere die Sticheleien des Kindsvaters und weide mich stattdessen an Bens Begeisterung, als er seine neue Ausrüstung in Augenschein nimmt.

»Und du schreibst uns dann jeden Tag eine Postkarte, okay, Schatz?«, frage ich hoffnungsvoll, aber Ben rollt nur mit den Augen. Schon klar, dass die Sache mit der Karte eher als Schreibübung gedacht ist und nichts sein wird, was den Kindern selbst ein großes Bedürfnis ist.

Am Abend hält mir mein Mann eine saftige Moralpredigt, weil er findet, ich sollte mich jetzt gefälligst ein bisschen zusammenreißen: »Er ist nur eine Woche weg. Mit all seinen Kumpels und mit der Lehrerin, der wir beide doch vertrauen. Er freut sich drauf, mach ihm das mit deiner Klammerei nicht kaputt«, sagt Benni-Papa.

Und er hat ja recht. Ben wird überhaupt keine Zeit für Heimweh haben, und mit meinen Abnabelungsschwierigkeiten muss ich verdammt nochmal allein klarkommen. Ich reiße mich also brav zusammen, verwerfe den Plan, Ben doch heimlich ein Handy in die Tasche zu schmuggeln oder mir noch schnell eine kleine Kameradrohne zu besorgen, mit der ich aus sicherer Distanz das Waldstück überfliegen könnte, in der die Holzhütten stehen. Stattdessen bringe ich einen fröhlichen Ben am Tag der Abreise zum Bahnhof, verkneife mir alle Erinnerungen und Ermahnungen zum Thema Sonnen- und Mückenschutz, gehe im Kopf noch einmal durch, ob ich auch wirklich nichts vergessen und jedes Einzelteil in Bens Reisetasche mit seinem Namen versehen habe. Dann ein schnelles Bussi, rasch umdrehen und mit Kloß im Hals den Bahnsteig in Richtung Ausgang entlanggehen, das Tränchen erst im Auto verdrücken und angestrengt versuchen, sich darauf zu freuen, mal eine Woche lang morgens nicht vor Tau und Tag Pausenbrote schmieren zu müssen.

Zur Ablenkung nehme ich mir vor, ein Projekt anzugehen, dass mich schon seit einigen Monaten umtreibt: Ich möchte Asperger-Axel näher kennenlernen. Nein, nicht weil er so schön ist, ehrlich nicht. Und schöner als Benni-Papa sowieso nicht. Sondern weil er interessant ist. Und ich gern mehr darüber wüsste, wie das so läuft in einer Wohngemeinschaft aus Vater und Sohn, wenn beide ein Problem damit haben, die Gefühle des anderen zu deuten. Und da Basti ja nun auch mit auf Klassenfahrt gefahren ist und ich bei Wikipedia gelesen habe, dass Asperger-Autisten klare Strukturen und immer gleichbleibende Routinen schätzen, gehe ich davon aus, dass es dem schönen Axel gerade eher nicht so gutgeht. Vielleicht eine gute Gelegenheit für ein Bier, findet auch mein Mann.

Ich suche also die Telefonnummer aus Bens Klassenadressliste raus, rufe an und frage Asperger-Axel, ob er morgen nicht Zeit und Lust hätte, bei uns auf ein Bier vorbeizukommen.

»Ich mag kein Bier.«

»Okay, verstehe. Wir haben auch was anderes zum Trinken da. Und ich wollte vielleicht noch eine Pasta kochen.«

»Mag ich nicht.«

»Verstehe. Aber es ist ja auch Champions-League-Finale, das würden wir auf jeden Fall schauen auf unserer nigelnagelneuen Riesenglotze mit Heimkino-Sound-System. Und wir dachten, du hättest vielleicht Lust, das mit uns zusammen anzusehen.«

Kurze Stille in der Leitung. Dann sagt Axel: »Okay. Wann und wo?«

Am nächsten Tag räume ich bei uns zu Hause auf, aber so richtig! Das Zusammenleben mit zwei Kindern und einem Hund ist ja ein Garant für nie enden wollendes Chaos. Und wie chaotisch es bei uns tatsächlich aussieht, bemerke ich gerade jetzt, da ich versuche, unser Wohnzimmer aus der Perspektive eines Menschen zu betrachten, der Ordnung, Gleichmäßigkeit und Symmetrie so sehr

schätzt, dass er ohne Not und über Nacht mutterseelen-
allein einen kompletten Klassenraum streicht. Unser Bü-
cherregal? Zweireihig vollgestopft, unsortiert und ohne
jedes System. Unser Sofa? Ein fleckiges, durchgehopstes
Ungetüm, verborgen unter einem Haufen bunter, nicht zu-
einander passender Kissen und Decken. Unser Esstisch?
Ein hoffnungslos verklebter alter Holztisch, aus dessen
Ritzen und Fugen man vermutlich noch eine komplette
Mahlzeit zusammenkratzen könnte. Und alles, wirklich
ALLES ist voller Hundehaare, wenn man mal ganz genau
hinsieht.

Hannah darf mit einem Essstäbchen vom China-Imbiss
die Fugen in unserem Dielenboden von Hundehaaren und
Bananenresten befreien, ich versuche derweil, den Rest
der Wohnung in einen einigermaßen vorzeigbaren Zustand
zu bringen. Mache noch eine große Schüssel Kartoffelsalat
und denke tatsächlich den ganzen Tag lang nur etwa sie-
ben- oder vielleicht auch vierzehnmal an Ben, und wie es
ihm wohl geht, und ob ihm nachts auch warm genug ist, er
genug isst und auch wirklich Spaß und kein Heimweh hat.
Dann ist es endlich Abend, Hannah liegt im Bett, Benni-
Papa hat verschiedene Getränke kaltgestellt und tatsächlich klingelt es um Punkt acht Uhr an der Tür.

Asperger-Axel hat einen Strauß Tulpen mitgebracht,
den er etwas ungelenk Benni-Papa in den Arm drückt.

»Hey, schön, dass du gekommen bist, komm rein«, sagt
mein Mann.

»Gibt's jetzt Fußball?«, fragt Asperger-Axel und ich
merke schon, dass ich mir all meine Fragen und meine
Smalltalk-Versuche wohl für die Halbzeitpause aufheben
muss.

Wir sitzen also zu dritt auf unserem Sofa und essen Kartoffelsalat aus Müslischüsseln. Na ja, Benni-Papa und ich essen. Unserem Gast scheint mein weltberühmter und allseits geliebter Salat nicht zu munden. Ich überlege kurz, ob ich ihn wirklich danach fragen soll, denn ich gehe davon aus, dass ich eine ehrliche Antwort bekomme – will ich das? Ja, ich will. Denn dieser Kartoffelsalat hat bislang jedem, wirklich jedem geschmeckt. Ich warte auf eine möglichst unspannende Szene im Spiel und frage: »Magst du keinen Kartoffelsalat?«

»Doch. Mag ich.«

»Okay, hast du einfach keinen Hunger?«

»Doch.«

»Schmeckt dir mein Kartoffelsalat nicht?«

»Nein.«

»Und warum nicht?«

»Da sind die falschen Kartoffeln drin. Der hier ist mit Sieglinde, ich mag ihn lieber mit Linda.«

»Ah, okay. Das waren eben die festkochenden Kartoffeln, die es im Supermarkt gab. Ich wusste nicht, dass es einen Unterschied macht.«

»Linda hat mehr Eigengeschmack«, sagt Asperger-Axel und starrt ungerührt weiter auf den Bildschirm, wo es gerade zu einer Rudelbildung nach einem umstrittenen Elfmeter kommt. Benni-Papa wirft mir strenge Blicke zu, und ich sehe ein, dass meine Kartoffelprobleme kein Grund sind, unseren Gast davon abzuhalten, das Spiel zu gucken.

Es ist insgesamt ein ziemlich öder Kick, der erst in der Nachspielzeit durch ein lahmes Freistoßtor entschieden wird. Wir warten noch zwei, drei Spielerkommentare ab, dann machen wir die Glotze aus. Doch kaum ist der Fernseher dunkel, springt Asperger-Axel vom Sofa, bedankt sich und will los.

»Hey, warte doch mal. Jetzt trink doch noch was mit uns. Lass uns doch noch ein bisschen quatschen«, sagt Benni-Papa und holt eine weitere Flasche Orangenlimo vom Balkon. Axel setzt sich wieder hin und sieht uns erwartungsvoll an.

»Wie geht es dir denn, jetzt so ohne Basti?«, fragt mein Mann.

»Gut.«

»Ist doch bestimmt ungewohnt, dass er nicht da ist.«

»Bis vor sieben Jahren war er ja auch noch nicht da.«

»Ja, aber vermisst du ihn?«

»Ja.«

»Und war Basti aufgeregt? Ich meine, es ist für ihn ja sicher nicht so leicht. Ungewohnte Umgebung, anderer Tagesablauf. Ich meine, wegen seinem … seinem … Dings«, stottere ich.

»Seinem Autismus?«, rettet mich Axel aus der Situation. »Der Basti hat kein Problem damit, auf Klassenfahrt zu gehen.«

»Nicht? Na ich dachte, weil ihr … also Asperger-Autisten doch immer gern alles ordentlich habt und möglichst strukturiert und immer gleich. Dachte ich jedenfalls. Also, das habe ich so im Internet gelesen.« Herrje, ich quassel mich um Kopf und Kragen.

»Asperger-Autismus hat viele Symptome. Und wir sind nicht alle gleich. Ich zum Beispiel mag Ordnung. Ich sortiere gern, das beruhigt mich. Basti sortiert nicht gern. Dafür bellt er manchmal, wenn ihm alles zu viel ist. Er ist gern allein. Ich bin nicht so gern allein. Er ist sehr gut in Mathematik. Ich nicht, dafür kann ich mir sehr gut Sachen merken. Wir haben aber beide keine Inselbegabung, sondern nur stark ausgeprägtes Interesse für bestimmte Sachen. Wir sind sehr unterschiedlich.«

»Okay, entschuldige, dass ich das alles so offen frage. Es geht mich ja nichts an«, stottere ich.

»Möchtest du noch etwas wissen?«, fragt Axel.

»Nein, nein.« Das ist natürlich gelogen. Ich will noch ganz viel wissen. Zum Beispiel, wo eigentlich Bastis Mutter ist. Und ob das jetzt eigentlich eine gute Idee war, Asperger-Axel zu uns einzuladen. War das für ihn jetzt ein netter Abend? Oder ist er nur gekommen, weil ER wiederum im Internet gelesen hat, dass Menschen ohne Asperger gern gemeinsam Fußball gucken und traurig sind, wenn man eine Einladung ausschlägt?

»Dann gehe ich jetzt. Meine Freundin wartet zu Hause. Danke fürs Fußballgucken. Schöner Fernseher«, sagt Axel.

Benni-Papa bringt ihn zur Tür, bedankt sich seinerseits für den Besuch und die Blumen. Und ich verarbeite, was ich da gerade gehört habe: Freundin? Asperger-Axel hat eine Freundin? Ist also gar nicht der einsame und bemitleidenswerte Kerl, für den ich ihn gehalten habe?

»Super Typ«, sagt mein Mann und schnappt sich die große Schüssel Kartoffelsalat, um die eigentlich für Asperger-Axel gedachte Portion aufzuessen. »Quatscht nicht rum, kommt auf den Punkt und bleibt nicht so lang hocken, bis man ihn nachts um zwei höflich aus der Tür komplimentieren muss. Den sollten wir öfter einladen.«

»Ja, schade eigentlich, dass Ben und Basti nichts miteinander am Hut haben«, sage ich seufzend. »So ein No-Bullshit-Freund würde ihm sicher guttun.«

Und kaum sage ich das, fährt mir wieder dieser kleine fiese Stich in den Magen, der »Mein Kind ist weg!«-Blitz, der mich jedes Mal wieder umhaut, wenn ich ein paar Stunden lang nicht an Ben gedacht habe. Die Sache mit Asperger-Axel hat mich wunderbar abgelenkt, aber jetzt, da es vorbei ist, fällt mir wieder auf, wie sehr ich Ben vermisse, dabei ist er gerade mal zwei Tage weg. Und heute Mittag war sogar tatsächlich eine erste Postkarte von ihm im Briefkasten, so wie versprochen: »HALLO MAMA PAPA HANNAH PUPSI MAGT OICH KEINE SOAGEN. MIA GETS GUT. BEN«

Während ich schlaflos im Bett liege, frage ich mich, was genau Ben mir damit sagen wollte. Denn ich kann mich gut erinnern, in welchen Situationen ich Nachrichten an meine Eltern mit den Satz »Macht euch keine Sorgen!« begonnen habe – nämlich dann, wenn es wirklich allen Grund gegeben hätte, sich Sorgen zu machen. Als ich zum Beispiel während einer Rucksackreise durch Asien mit einer akuten Blinddarmentzündung in einem vietnamesischen Krankenhaus lag. Oder als ich mit sechzehn das Wochenende nicht etwa bei meiner Freundin Jutta verbracht habe, sondern 100 Kilometer durch Deutschland getrampt bin, um meinen damaligen Freund vor den Toren seiner Bundeswehrkaserne zu überraschen. Oder als ich als Achtjährige während meiner ersten Reiterhofferien einen zudringlichen Reitlehrer hatte, der uns Mädchen immer so gern beim Umziehen geholfen hat. Was – hätte ich meiner Mutter damals am Telefon davon erzählt – natürlich zum sofortigen Ende meiner Reiterhofferien geführt hätte, und das wollte ich unbedingt vermeiden.

Der Satz »Macht euch keine Sorgen!« lässt also ein paar Alarmglocken in meinem Kopf klingeln. Vor allem nachts, wenn ich nicht schlafen kann und die fetten haarigen Sorgenmonster unter meinem Bett hervorkriechen. Was will Ben mir mit diesem Satz sagen? Ist es ein versteckter Hilferuf? Gibt es da etwas, wovon Ben schon ahnt, dass es mir zu Recht Sorgen bereiten würde? Hat die Horst diese Horde Kinder wirklich im Griff? Was, wenn die nachts aus ihren Betten steigen und heimlich durch den Wald streichen, als Mutprobe? Und sich dann verlaufen? Nicht zurück zu ihren Hütten finden und erfrieren? Was, wenn Referendar Soltau doch nicht der harmlose Schluffikiffer ist, für den ihn alle halten, sondern ein kinderfressender Psychopath, der nur die passende Gelegenheit abgewartet hat, um mit ein paar schutzlosen Sechsjährigen allein im dunklen Wald zu sein? Und liege nur ich jetzt allein wach und mache mir Sorgen oder geht es den anderen Eltern genauso?

Am nächsten Tag kommt keine Postkarte. Um ganz sicher zu sein, gehe ich kurz vor 23 Uhr noch ein letztes Mal zum Briefkasten, nur falls der Briefträger aus irgendeinem Grund doch noch eine Spätschicht eingelegt haben sollte. Hat er natürlich nicht. Keine Postkarte. Was meine Sorgen nicht unbedingt verkleinert.

»Herrje, was ist denn los mit dir? Das ist ja furchtbar!«, stöhnt mein Mann, als ich endlich zu ihm ins Bett krieche. »Dass heute keine Postkarte gekommen ist, heißt entweder, dass unser Briefträger krank ist, oder dass die Kinder sich erfolgreich gegen die »Eine Postkarte pro Tag«-Zwangsmaßnahme gewehrt haben und gestern kollektiv in den Schreibstreik getreten sind.«

Mag sein, dass er recht hat. Aber nach einer weiteren miesen Nacht, in der sich in meinem Kopf lauter Albtraumszenarien abspielen, greife ich am nächsten Morgen zum Äußersten: Ich rufe Heli-Helga an. Denn wenn eine einen Weg gefunden hat herauszufinden, wie es unseren Kindern geht – dann ist sie es.

»Aha, soso. Du willst also auch wissen, ob dein Sohnemann noch lebt«, meint sie süffisant. »Bist nicht die Erste. Wie kommt es, dass ihr alle glaubt, ich wüsste mehr als ihr?«

»Na, weil du doch IMMER ganz genau weißt, was Gustav macht und wie es ihm geht«, sage ich. »Ich bin ehrlich gesagt davon ausgegangen, dass du irgendeinen Weg gefunden hast, an Informationen zu kommen.«

Und das hat sie, in der Tat. Heli-Helga hat ohne mit der Wimper zu zucken den Referendar bestochen. Schließlich sei der ja noch nicht verbeamtet und freue sich über vier Kästen Bier. Dafür muss er sich jeden Abend einmal telefonisch melden und Bericht erstatten, was genau den Tag über alles so vorgefallen ist. Und so erfahre ich – im Gegenzug für eine wirklich gute Flasche Rotwein –, dass Ben noch lebt. Dass es ihm sogar ausgesprochen gutgeht, obwohl die Klasse gleich am zweiten Tag der Klassenfahrt eine Wanderung unternommen und sich verlaufen habe, denn Frau Horst habe – alle Hinweisschilder ignorierend – darauf beharrt, ihrem Kompass zu folgen, der aber offensichtlich nicht mehr so richtig funktionierte, jedenfalls sei die Klasse nach stundenlangem Herumirren schließlich an eine Landstraße und dann auf eine Tankstelle gestoßen, wo mehrere Großraumtaxis geordert werden mussten, um die Schüler wieder in ihre Unterkunft zurückzubringen. Killer-Johnny habe mit einer selbstgebauten Zwille ein Eichhörnchen vom Baum geschossen und müsse dafür den Rest der Woche die Tische nach dem Essen abräumen. Momo päppele das verletzte Tier gerade wieder auf, was Heli-Helga ehrlich gesagt einige Sorgen bereitet, denn man wisse ja nie, ob so ein Tier nicht Tollwut habe. Oder Flöhe. Fingeramputationen durch unsachgemäßen Gebrauch der mitgebrachten Taschenmesser gebe es bislang wohl keine, wohl aber mehrere Schnittwunden, die jedoch alle desinfiziert und verbunden werden konnten. Die Kinder machten jeden Abend Lagerfeuer und Ben habe sich Ärger eingehandelt, weil er die Glut heimlich ausgepinkelt habe, nachdem alle anderen schon ins Bett gegangen waren. Dabei habe ihn nämlich der Herbergsvater erwischt, der wildes Herumpinkeln auf dem Grundstück ganz und gar nicht gutheiße. Ben konnte gegenüber seiner Lehrerin jedoch glaubhaft versichern, einzig und allein aus Brandschutzgründen gehandelt zu haben, woraufhin Frau Horst Ben als Anerkennung für sein umsichtiges Handeln am nächsten Tag eine doppelte Nachtischportion organisiert habe. Basti habe innige Freundschaft mit einigen herumstreunenden Katzen geschlossen, die ihm nun nicht mehr von der Seite wichen und sich offenbar auch nicht an seinem gelegentlichen Bellen stören. Und Heimweh habe bislang nur die hochbegabte Luisa.

»Danke«, sage ich erleichtert, als Heli-Helga ihren Bericht beendet hat. »Ich bin sehr erleichtert. Hab mir doch irgendwie Sorgen gemacht.«

»Tja«, erwidert Heli-Helga schnippisch. »Ich weiß ja, dass ihr mich alle für eine Helikopter-Mutter haltet. Aber weißt du was? Ich stehe wenigstens dazu. Ihr seid in Wahrheit kein Stück besser, ihr wollt nur nicht, dass euch irgendjemand hinter eure coole Fassade guckt und euch dabei erwischt. Wenn ich eine Helikopter-Mutter bin, dann seid ihr Drohnen-Mütter!«

Aua. Das sitzt. Und Benni-Papa bekommt sich gar nicht mehr ein vor Lachen, als ich ihm abends davon erzähle. Sehr witzig!

»Ach komm, jetzt sei nicht sauer«, sagt er und legt seinen Arm um mich. »Ich versteh nur nicht ganz, was eigentlich mit dir los ist. Seit Ben auf der Welt ist wünschst du dir doch nichts sehnlicher, als mal ein paar Tage lang dein altes Leben zurückzubekommen. Und jetzt tust du so, als hätte man dir irgendetwas amputiert.«

Er hat ja recht, mein Mann. Aber es stimmt nun mal, es fühlt sich tatsächlich so an, als hätte man mir etwas amputiert. Ich vermisse Ben mit einer körperlichen Wucht, die ich wirklich nicht für möglich gehalten hätte. Dabei habe ich mir in den letzten Jahren tatsächlich oft gewünscht, einfach mal ein paar Tage lang nicht Benni-Mama zu sein. Nicht, weil ich nicht gern Bens Mutter wäre. Sondern weil es ja mal eine Zeit gab, in der die anderen mich nicht zu allererst als Mutter gesehen haben, sondern als Mensch mit Eigenschaften, Meinungen, Beruf, Hobbys und einem richtigen Namen. Alles Dinge, die plötzlich vollkommen in den Hintergrund treten, sobald man ein Kind auf die Welt gepresst hat. Und zwar nicht nur für sich selbst, sondern vor allem für alle anderen.

Aber wenn ich ganz ehrlich zu mir bin, dann sind es inzwischen gar nicht mehr die anderen, die mich zu Benni-Mama machen. Ich bin es längst selber. Und jetzt, da Ben plötzlich so viel selbständiger wird und ich nicht mehr das Zentrum seines Universums bin, fehlt mir nicht nur mein Kind, sondern offenbar auch ein Teil meiner selbst. Eine echte Mutti-Identitätskrise!

Mein Mann – schon immer ein Freund pragmatischer Lösungen – schickt mich deshalb noch am selben Abend raus in die Kneipe, auf ein Bier mit meiner Freundin Sabine. Er hat sie sogar selbst angerufen und nur »Ben ist seit vier Tagen auf Klassenfahrt« gesagt – schon wusste Sabine genau, was ich brauche: nämlich ein Bier in einer verrauchten Spelunke und ein paar aufmunternde Worte.

»Ist schwer, oder? Da wünscht man sich jahrelang mal wenigstens einen Tag ohne das Kind, und kaum fährt es fröhlich weg, hält man es nicht aus vor Sehnsucht«, sagt sie, während wir nebeneinander am Tresen sitzen.

»Du sagst es.«

»Mach dich drauf gefasst, dass er super gutgelaunt zurückkommt, dich so gut wie gar nicht vermisst hat und dir auch nicht besonders ausführlich erzählen wird, wie es denn so war.«

»Ich weiß«, sage ich düster.

»Man gewöhnt sich dran. Bei der nächsten Klassenfahrt macht es dir schon viel weniger aus, und wenn Hannah erst so weit ist, wirst du die Tage ganz ohne Kind vielleicht sogar ein klitzekleines bisschen genießen können.«

»Vielleicht.«

Und dann trinken wir noch sehr viel Bier und reden mal ausnahmsweise überhaupt nicht über unsere Kinder und übers Muttersein, sondern über Politik und Musik und Sex und Reisepläne und unsere Jobs. Das tut verdammt gut. Und als ich weit nach Mitternacht und ordentlich angeschickert aus der Kneipe stolpere, fühle ich mich schon gar nicht mehr ganz so verloren und leer.

Die letzten Tage bis zu Bens Rückkehr vergehen dann sogar relativ schnell. Es kommen noch zwei Postkarten, die für einige Heiterkeit sorgen: »HALLO MAMA PAPA HANNAH PUPSI HOITE HABEN WIR WOLIBAL GESCHPILT EUER BEN«, sowie: »HALLO MAMA PAPA HANNAH PUPSI HOITE HAT TEO EINE MAUS GEFANGEN UND IN SAIN KOFA FASTEKT EUER BEN«.

Und dann ist auch schon der Tag der Rückkehr gekommen, und ich stehe zusammen mit den anderen Eltern am Bahnsteig und warte auf den Zug, der unsere Kinder wiederbringt.

Heli-Helga hat ein großes »Willkommen«-Schild gebastelt und Brezeln und Saftpäckchen für alle Kinder besorgt, damit sie sich noch am Bahnsteig nach den Strapazen der Heimreise stärken können.

»Ich will mir gar nicht ausmalen, wie die alle stinken«, stöhnt Theo-Mama.

»Ich hoffe ja wirklich, die haben wenigstens ab und zu mal Zähne geputzt«, sagt Lena-Mama.

»Der Zug hat schon 90 Sekunden Verspätung«, sagt Asperger-Axel.

»Hoffentlich hat Momo an die Wildkräuter gedacht, die sie für mich sammeln sollte«, sagt Momo-Mama.

»Wenn sie jetzt nicht bald kommen, verpasst Luisa ihren Segelunterricht«, sagt HochbeGabi.

Und dann kommen sie tatsächlich. Der Zug fährt ein

und spuckt Taschen, Rucksäcke, Erstklässler und zwei ziemlich müde aussehende Lehrkräfte aus. Natürlich habe ich mir heimlich ausgemalt, dass mir auf dem Bahnsteig ein strahlender Ben in die Arme fliegen würde, randvoll mit tollen Erlebnissen, von denen er gar nicht würde abwarten können, sie mir zu erzählen. Aber natürlich ist das nur ein Wunschtraum, Ben stürzt mir ganz und gar nicht entgegen, nein, er begrüßt mich betont lässig und knapp, muss dann aber ganz schnell noch was mit seinen Kumpels bequatschen und ist schließlich sogar ein bisschen eingeschnappt, weil er nicht noch »mit zu Johnny« darf.

Im Auto frage ich, wie es denn so war (»Gut.«), ob er gut geschlafen und gegessen hat (»Ja.«), ob er gar kein Heimweh hatte (»Nö.«) und worauf er sich jetzt am meisten freut, wenn er gleich nach Hause kommt (»Fernsehen.«). Zum Glück weiß ich ja – dank Heli-Helga – wenigstens ein kleines bisschen über die Geschehnisse auf der Klassenfahrt Bescheid, nehme Bens mangelndes Mitteilungsbedürfnis also vergleichsweise gelassen und denke darüber nach, ob das vielleicht auch schon die Vorboten einer viel zu früh einsetzenden Pubertät sind. Andererseits hatte mich Sabine ja vorgewarnt: Zum Loslassen gehört eben auch, dass Kinder Geheimnisse haben dürfen. Und dass man akzeptiert, dass sie langsam aber sicher viel lieber Zeit mit ihren Freunden verbringen, als bei Mama auf dem Schoß zu sitzen.

Zurück in der Wohnung haben Hannah und Benni-Papa Pizza gebacken, Pupsi bekommt sich gar nicht mehr ein vor Freude, als er Ben durch die Tür kommen sieht, und japst und hüpft und wedelt so doll, dass Ben nun doch ein bisschen auftaut und mit seiner völlig verdreckten neuen

Superoutdoorjacke auch endlich die Coolness ablegt. Beim Abendessen erzählt er sogar ein bisschen von der Klassenfahrt. Und so erfahren wir, dass mitnichten der kaputte Kompass von Frau Horst für die Wanderkatastrophe verantwortlich war, sondern Herr Soltau, der nichtsnutzige Referendar, der die Kompasshoheit innehatte und nicht in der Lage war, ihn auch zu lesen. »Der dachte halt, man geht immer dahin, wo die Nadel hinzeigt«, sagt Ben prustend und Benni-Papa und ich lachen etwas gequält mit, denn noch ist ja nicht gänzlich ausgeschlossen, dass Herr Soltau sein Referendariat und sein zweites Staatsexamen irgendwie übersteht und dann tatsächlich als Lehrer auf Schüler losgelassen wird.

Irgendwann gehen die Kinder ins Bett. Hannah gibt ihrem großen Bruder den innigsten Gute-Nacht-Kuss aller Zeiten, denn die freut sich mindestens so doll wie Pupsi, dass er wieder da ist. Und als ich meinem kleinen großen Sohn die Decke hoch zu den Schultern ziehe und ihm eine blonde Locke aus dem Gesicht streiche, grinst er breit bis über beide Ohren. Was sehe ich denn da?

»Ben! Du hast ja einen Zahn verloren! Deinen ersten Milchzahn!«

»Cool, oder? Gestern. Hab ihn aber runtergeschluckt aus Versehen.«

Unglaublich, was für einen großen Sohn ich schon habe. Dabei kommt es mir vor, als wäre es erst gestern gewesen, dass Ben überhaupt Zähne bekommen hat. Wenn die Zeit weiter so rast, dann wird er in null Komma nichts erwachsen sein. Dann wird er auf Weltreise gehen und nur noch alle vier Wochen eine SMS schicken, anstatt jeden Tag eine Postkarte. Er wird ausziehen, sich betrinken, Drogen ausprobieren, Fehler machen, sein Herz gebrochen bekommen und seinen Platz im Leben finden müssen. Irgendwann wird er einen Job haben, seine eigene Steuererklärung machen, mit seiner Freundin zusammenziehen und vielleicht Kinder bekommen. Alles ohne enge Manndeckung durch seine Mutter, ich schaue dann nur noch von der Seitenlinie aus zu. Das wird sicher auch ganz schön. Aber bis es soweit ist, nehme mir vor, jeden Tag zu genießen, an dem ich noch ein kleines bisschen Benni-Mama sein darf.

»Mama?« Ben fängt meinen wehmütigen Blick ein, schiebt seine Zunge in die Zahnlücke und nimmt meine Hand.

»Ja, Schatz?«

»Ich hab dich auch ganz doll vermisst.«

Noch nicht genug von
den Großen Ärschen?

Das ist das erste Buch von Benni-Mama:

– Leseprobe –

Wartelistenplatz 145

Die entwürdigende und absolut hoffnungslose Suche nach einem Kindergartenplatz

Wenn mich irgendwann einmal ein Psychotherapeut fragen sollte, welche Erfahrung in meinem Leben die demütigendste war, müsste ich nicht lange überlegen: die Suche nach einem Kindergartenplatz für meinen einjährigen Sohn. Mich von einer Gruppe Hebammenschülerinnen dabei beobachten zu lassen, wie ich unablässig in Pappschalen kotze, während ein Assistenzarzt zwischen meinen gespreizten Beinen kniend meinen Dammriss näht – ganz ehrlich, das war Pippifax gegen das Gefühl von Erniedrigung und Ausgeliefertsein, das ich während meiner einjährigen Odyssee durch die Kinderbetreuungseinrichtungen unserer Stadt verspürt habe.

Noch in der Schwangerschaft hatte ich mir das so vorgestellt: Ich nehme ein Jahr Elternzeit, dank Elterngeld großzügig subventioniert, kümmere mich in diesen Monaten um mein wunderbares Kind, sitze mit ihm stillend im Café, treffe mich mit anderen netten Müttern zum gemeinsamen Spazierengehen, mache hier ein bisschen Pekip, da ein bisschen Babyschwimmen. Schließlich würde ich aus den Kindergärten der Umgebung den auswählen, dessen pädagogisches Konzept, Personal und Räumlichkeiten mir am besten zusagen – und dann, nach einem Jahr, würde ich wieder in meinen alten Beruf einsteigen, während Ben von liebevollen Erzieherinnen und Erziehern umsorgt in einer modernen und familiären Kinderkrippe viel Zeit mit anderen Kindern verbringt, die ihm die Geschwister ersetzen, die wir erst noch würden zeugen müssen.

Am Nachmittag, nach einem erfüllten Arbeitstag in einem Job, den ich liebe und den ich brauche, um meine Miete zu bezahlen, würde ich mein glückliches, müde getobtes Kind in die Arme schließen, von einer freundlichen Erzieherin mit anerkennendem Blick die Erzeugnisse der täglichen Mal- und Bastelstunde ausgehändigt bekommen, um dann noch ein wenig Quality-Time mit meinem Kind zu verbringen. Ben würde mir von all den wunderbaren Dingen berichten, die er im Kindergarten erlebt hat, und ich würde dem Himmel dafür danken, dass ich in einem Land leben darf, in dem Kind und Karriere so gut miteinander zu vereinbaren sind.

Tja, nun. Es kam anders.

Meine Elternzeit habe ich hauptsächlich damit verbracht, Leiterinnen von Kinderbetreuungseinrichtungen anzuflehen. Es war eine Zeit großer Verzweiflung, zunehmender Panik und grenzenloser Wut. Und hätte der Leibhaftige Einfluss auf die Vergabe von Kindergartenplätzen – ich schwöre, ich hätte in dieser Zeit meine Seele verkauft.

Aber der Reihe nach. Die Suche nach einem Kindergartenplatz für Ben verlief in sechs Phasen:

Phase 1: Ich bin froher Hoffnung

»Mädels, ich muss euch was sagen: Ich bin schwanger!«
KREISCH!!!!!

Meine Freundinnen jauchzen und fallen mir um den Hals. Wir klären schnell die drei Schwangerschafts-Ws (Was wird es? Wann ist es so weit? Wie soll es heißen?), stoßen noch mal mit Prosecco an (ich natürlich nur ein Mini-Schlückchen) und schwelgen schon mal gemeinsam in der Vorfreude auf ein weiteres schnuffeliges Baby in unseren Reihen.

In unserer Runde bin ich die Letzte, die schwanger geworden ist. Deshalb kommen meine Freundinnen auch schnell zum Wesentlichen:

»Hast du dich schon um einen Kita-Platz gekümmert?«, fragt Sabine, selber Mutter von zwei Mädchen.

Ich, ungläubig: »Jetzt schon? Das Baby kommt doch erst in einem halben Jahr. Und ich wollte ein Jahr Elternzeit nehmen, da hab ich doch noch Zeit. Oder?«

Anna hebt skeptisch die Augenbrauen: »Schnucki, das ist ein Krieg da draußen. Ein verdammter Krieg! Je früher du in die Schlacht ziehst, umso besser stehen deine Chancen.«

»Na ja, Chancen ...«, sagt Karla und seufzt. »Mach dir nicht zu große Hoffnungen.«

»Aber wie soll ich das denn sonst hinkriegen? Ich muss doch Geld verdienen, ich kann ja schlecht zu meinen Eltern ziehen, damit die dann mein Kind betreuen?«, frage ich, leicht verunsichert.

»Dann leg sofort los mit der Suche. Lass deinen Namen auf Wartelisten setzen, ruf regelmäßig an, und zeig dein Interesse, quatsch Erzieherinnen auf Spielplätzen an, spende großzügig auf Kita-Weihnachtsbasaren, bring dich immer wieder ins Gespräch«, sagt Sabine.

»Genau: Präsenz zeigen. Ganz wichtig«, ergänzt Karla. »Klingel einfach regelmäßig an Kindergartentüren. Du hast nur zwei Möglichkeiten: Entweder die finden dich so nett, dass sie dir den Platz geben, oder du gehst ihnen so schlimm auf die Nerven, dass sie dir den Platz geben, damit du endlich Ruhe gibst. Dann ist es auch total wurscht, auf welchem Wartelistenplatz du stehst.«

»Aber wir wissen doch noch gar nicht, was für eine Kita wir überhaupt wollen. Wir hatten gedacht, ein Montessori-Kindergarten wäre vielleicht toll«, sage ich verzagt.

Schallendes Gelächter. Meine Freundinnen halten sich den Bauch. »Montessoooori …«, prusten sie.

»In diesem Land fehlen mehr als 200 000 Kita-Plätze. Glaub uns, Süße, du wirst dem Himmel dankbar sein, wenn du überhaupt einen findest. Pädagogische Wunschkonzepte sind ein Luxus, den du dir nicht leisten kannst«, sagt Anna.

Und dann wechseln wir das Thema, damit die gute Laune nicht endgültig verpufft.

Auf dem Weg nach Hause streichle ich trotzig meinen kleinen Babybauch und denke: Das wird schon! Ich sehe nicht ein, mein ungeborenes Kind jetzt schon auf irgendwelche Wartelisten zu setzen. Erst mal die Geburt überstehen und sich dann ganz in Ruhe mit dem süßen Fratz im Arm auf die Suche machen. Und überhaupt: Anna, Sabine und Karla übertreiben gern. Schon diese ganzen furchtbaren Horrorstorys über ihre Geburten und ihr Gerede von unvorstellbaren Schmerzen, Schreiorgien, Verwünschungen, Blutstürzen, Dammrissen … so schlimm wird es schon nicht werden.

Phase 2: Ich ziehe in die Schlacht

Ben ist auf der Welt, und mir dämmert, dass meine Freundinnen nicht übertrieben haben. Nicht, was die Geburt betrifft jedenfalls. Sechs Wochen nach der Niederkunft fühle ich mich langsam fit genug, um das Thema Kita-Platz endlich anzugehen.

Ich versuche erst mal das Naheliegende und finde mich zur wöchentlichen Elternsprechstunde mit der Leiterin einer Kita in meiner Nachbarschaft ein. Vor mir wartet ein knappes Dutzend Frauen, die das Gleiche vorhaben, etwa die Hälfte von ihnen hat das Kind noch im Bauch. Als ich endlich drankomme, schiebt mir die missmutige Kita-Leiterin einen Zettel über den Tisch, auf dem die Nummer 145 steht.

»Das ist Ihr Wartelistenplatz«, sagt sie ungerührt. »Sie sehen, die Chance ist gering. Sie sind ehrlich gesagt ziemlich spät dran, wenn Sie sich jetzt erst um einen Platz im nächsten Jahr bewerben.«

Dann erklärt sie mir, dass ich – sofern ich auf der Warteliste bleiben möchte – jeden ersten Dienstag im Monat zwischen 9 und 10 Uhr 30 bei ihr anrufen soll, um den Fortbestand meines Interesses zu bekunden. Sonst fliege ich wieder runter von der Liste.

Ich schlucke. Und versuche es in den nächsten Tagen bei allen anderen städtischen Kindertagesstätten, die einigermaßen gut zu erreichen sind. Überall das Gleiche:

dreistellige Wartelistennummern und der Hinweis, dass es eigentlich kaum eine Chance gibt, ich aber bitte trotzdem regelmäßig anrufen soll.

Ich weite meine Suche auf die gesamte Stadt aus, die weiteste Kita ist eine fünfzigminütige Busfahrt von unserem Zuhause entfernt. Mein Kalender füllt sich mit Anrufterminen. Inzwischen muss ich mich bei zweiundzwanzig Kindertagesstätten regelmäßig melden, um nicht von der Warteliste runterzufliegen. Das Management dieser Terminflut überfordert mich. Beim Babyschwimmen springe ich hektisch aus dem Becken, weil mir siedend heiß einfällt, dass ich noch nicht im Storchennest angerufen habe. »Ich fliege von der Warteliste!«, rufe ich der irritierten Kursleiterin noch zu, renne im Badeanzug mit meinem nassen und schreienden Kind auf dem Arm in die Umkleide, schnappe mein Handy und suche verzweifelt nach einem Netz. Schließlich stehe ich immer noch im Badeanzug mit dem weiterhin brüllenden Ben in der Schwimmhallen-Cafeteria und schreie in mein Handy: »Ja, ich bin's, Wartenummer 179. Ich habe weiter Interesse. Großes sogar. Hallo, hören Sie mich?«

Am Abend stöbere ich durch meinen Terminkalender. Nächste Woche ist Herbstfest in der Kita Zwergenhausen und einen Tag später Tag der offenen Tür bei den Kuschelstrolchen.

»Das sind Pflichttermine«, beschwöre ich abends Benni-Papa. »Und du musst mit!«

»Ich muss mir zwei Tage Urlaub nehmen, um zwischen zweihundert anderen Eltern am Kuchenbüfett rumzustehen, obwohl wir da ohnehin auf einem aussichtslosen Wartelistenplatz stehen? Ist das dein Ernst?«

»Karla sagt, engagierte Väter sind das A und O bei der Kita-Platz-Suche. Du musst mit den Erzieherinnen flirten! Du musst die Leiterin loben, weil sie ihre Führungsposition so fabelhaft ausfüllt! Du musst die Blumenbeete und die Kinderkunst bewundern!«, rufe ich verzweifelt.

»Und du musst mal wieder runterkommen«, sagt Benni-Papa. »Vielleicht sollten wir einfach nach einer Alternative zu den städtischen Kitas suchen.«

Phase 3: Wir suchen eine Alternative

Wir suchen eine Alternative? Na, die Wahrheit ist natürlich, dass *ich* eine Alternative suche. Benni-Papa geht weiterhin jeden Tag ins Büro, und der Gedanke, ich könnte bei erfolgloser Kita-Platz-Suche fordern, dass bis auf weiteres er zu Hause bleibt, damit ich Vollzeit arbeiten gehen kann, kommt ihm gar nicht erst.

Was also könnte eine Alternative sein? Für ein Au-pair haben wir in unserer Dreizimmerwohnung keinen Platz, für eine Nanny nicht das Geld.

»Na, IHR wolltet ja in die große Stadt ziehen«, sagt meine Mutter am Telefon. »Wärt ihr bei uns im Dorf geblieben und hättet das Baugrundstück hier nebenan genommen, dann wäre ich ganz in der Nähe, und der arme Schatz müsste nicht zu fremden Leuten.«

Beim Jugendamt gibt man mir eine Liste mit Tagesmüttern. »Im wievielten Monat sind Sie denn?«, fragt die Mitarbeiterin. Auch hier bin ich mit einem inzwischen drei Monate alten Baby, das in einem Jahr einen Betreuungsplatz braucht, hoffnungslos zu spät.

Ich telefoniere die komplette Liste durch. Keine der Tagesmütter hat innerhalb der nächsten zwei Jahre Kapazitäten frei – es sei denn, ein Kind wird vorzeitig abgemeldet. Aber auch für den Fall gibt es eine lange, lange Warteliste.

Einige der Frauen haben Anrufbeantworter geschaltet, auf denen sie potentielle Interessenten bitten, von weiteren Anrufen abzusehen. Es sei momentan einfach kein Platz frei, und man könne nicht den ganzen Tag mit verzweifelten Eltern telefonieren. Nur eine Tagesmutter macht mir Hoffnung. Noch während wir sprechen, schreit sie ein im Hintergrund greinendes Kind an: »Chantall, jetzt hör endlich auf mit der Scheiße!« Ich schlucke und lege auf.

Doch dann, endlich ein Lichtblick! Von einem Laternenpfahl reiße ich einen Zettel ab: »Kindertagesstätte Villa Kunterbunt hat noch Plätze frei!« Ich rufe sofort an, und die nette Leiterin lädt mich ein, doch einfach gleich mal vorbeizukommen. Eine halbe Stunde später stehe ich vor einer kleinen Jugendstilvilla am Stadtrand. Die Leiterin empfängt mich freudestrahlend, sagt: »Na, du kleiner Prinz? Du bist ja ein ganz besonders Hübscher!« zu Ben, der auf meinem Arm thront, und führt mich durch die Räume.

Es ist alles ganz wunderbar! Buntes Holzspielzeug in Weidekörben, bunte Kindergemälde an den Wänden, aus den Lautsprechern, die an jeder Zimmerdecke angebracht sind, perlt klassische Klaviermusik.

»Ein Teil der Kinder ist beim Frühenglisch, die anderen sind im Garten«, sagt die Leiterin und führt mich an ein großes Fenster, damit ich einen Blick nach draußen werfen kann: eine große Blumenwiese, auf der kleine Mädchen in süßen Kleidern nach Marienkäfern Ausschau halten. Kleine Jungs klettern auf einem großen hölzernen Piratenschiff herum.

»Da rechts ist unser Gewächshaus und das Gemüsebeet«, sagt die Leiterin. »Unser Koch zieht zusammen mit den Kindern das Gemüse fürs Mittagessen. Ist natürlich alles bio. Wenn Sie das wünschen, kann Ihr Sohn auch laktosefrei, glutenfrei, vegetarisch oder vegan essen bei uns.«

»Und Sie haben im nächsten Jahr wirklich noch was frei?«, frage ich ungläubig.

»Aber natürlich«, lächelt die Leiterin. »Ich gebe Ihnen den Vertrag gleich mit, da hängt auch unsere Preisliste dran!«

Preisliste? Ich Idiotin! Da hätte ich auch gleich drauf kommen können, dass die Villa Kunterbunt ein Privatkindergarten ist. Ein Ganztagesplatz für ein Kind unter drei Jahren soll hier 1800 Euro im Monat kosten. Das ist deutlich mehr als mein monatliches Nettogehalt!

Meine jüngste Cousine geht gerade gegen die Studiengebühren an ihrer Universität auf die Straße. »300 Euro im Semester, kannst du dir das vorstellen?«, zetert sie am Telefon. »Der Zugang zu Bildung muss doch für alle offenstehen! Da kann man doch nicht einfach Geld für verlangen! 300 Euro! Pro Semester! Dieser Scheiß-Staat, ich könnte mich so aufregen!«

Ich frage, ob sie auf ihrer Demo den kostenlosen Zugang zu frühkindlicher Bildung nicht gleich mit fordern könnte, wo sie doch schon mal dabei ist. Aber sie sagt, das könne man nicht vergleichen.

Lange hatte ich meine Kita-Platz-Misere vor meinen Freundinnen geheim gehalten – schließlich wollte ich ihnen den Triumph nicht gönnen, einmal mehr recht gehabt zu haben, als sie mich schon im dritten Schwangerschaftsmonat auf die Suche schicken wollten. Aber in meiner Verzweiflung heule ich mich doch bei Karla aus.

»Ich werde nie wieder arbeiten gehen können!«, schluchze ich in meinen Rooibostee. »Ich werde die nächsten drei Jahre zu Hause sitzen und Legotürme bauen und eine frustrierte, schlechtgelaunte Glucke sein. Finanziell total abhängig, im Job gnadenlos abgehängt! Dann bekommen wir irgendwann noch ein Kind, und dann habe ich sechs Jahre hier die Hausfrau gespielt, bevor ich wieder eigenes Geld verdienen kann.«

Karla beschwichtigt und appelliert an die Trümmerfrau in mir: »Wo kein Kita-Platz ist, musst du dir vielleicht selbst einen bauen. Du könntest doch einen Kindergarten gründen! Eine Elterninitiative. Oder du versuchst, einen Platz in einer Elterninitiative zu bekommen. Die führen meistens keine Warteliste.«

»Und wie soll ich da einen Platz bekommen, wenn nicht per Warteliste und durch fleißiges Anrufen?«

»Die müssen das Gefühl haben, dass ihr zu denen passt«, sagt Karla. »Und ihr müsst bereit sein, euch zeitlich ziemlich heftig zu engagieren. Ich sage nur: Putzdienst!«

Putzdienst? Mir doch egal! Mach ich mit links! Für einen Kita-Platz würde ich noch ganz andere Sachen machen! Vor kurzem habe ich einen Fernsehbeitrag gesehen, in dem zwei Väter in pastellfarbenen Strampelanzügen und mit Schnuller im Mund in einem Einkaufszentrum um die Wette krabbelten. Dem Sieger winkte ein kostenloser Platz in einer sündhaft teuren Privat-Kita, die mit dieser Aktion ein bisschen Werbung für sich machen wollte. Mehrere hundert Elternpaare hatten sich zur Teilnahme an der Krabbelolympiade angemeldet. Alle bereit, sich bis aufs Blut zu blamieren, wenn nur die Chance bestünde, die Betreuung ihrer Kinder zu organisieren.

»Dein Glück, dass keine der Kitas in unserer Stadt bislang auf so was gekommen ist«, sage ich zu Benni-Papa. Meine Verzweiflung wächst. Ich bin zu allem entschlossen.

Phase 4: Ich pimpe meine Familie

Meine tägliche Tour zu den Kindertagesstätten unserer Stadt erweitere ich nun also um die sogenannten Elterninitiativ-Kitas, auch Kinderläden genannt. Hier erhoffe ich mir Solidarität und Verständnis für meine Lage. Haben sich hier nicht einmal selbst verzweifelte Eltern zusammengefunden, um gemeinsam dem Schicksal entgegenzutreten und nicht länger dem Wartelistenterror der städtischen Einrichtungen ausgeliefert zu sein? Ich bin nett und engagiert, mein Kind ist bezaubernd – wer sollte uns da nicht liebend gern einen Platz in seiner kleinen familiären Einrichtung geben wollen?

Bei den meisten Kinderläden bekomme ich keine Wartelistennummer, sondern einen Fragebogen in die Hand gedrückt, den ich ausfüllen soll. Natürlich könne man mir gar keine Hoffnung machen, aber eventuell würde man auf uns zurückkommen, wenn wir »passen«. Ich lese mir die Fragebögen durch, und langsam schwant mir, was damit gemeint ist.

Frage 1: Bitte beschreibe den Charakter Deines Kindes möglichst ausführlich.

Tja. Ich schaue auf den drei Monate alten Ben, der gerade einen Schwall Muttermilch auf seine Decke gekotzt hat, und denke angestrengt nach. Soll ich die Wahrheit schreiben? »Ben ist eine kapriziöse Diva, die viermal am Tag Stuhlgang hat und gern herumgetragen wird.«

Vielleicht keine so gute Idee.

Oder so: »Leidenschaft, Ausdauer, Spontanität – dies sind die drei Eigenschaften, die unseren Sohn Ben ausmachen. Ziele, die er sich in den Kopf setzt (Milch! Und zwar sofort!), erreicht er durch beharrlichen Einsatz seines beeindruckenden Stimmvolumens. Die Strahlkraft sowohl seiner Körperausscheidungen als auch seines Lächelns sind schon jetzt Legende.«

Ich entscheide mich für den Mittelweg und schreibe: »Ben ist so wie wir – eigentlich ganz normal. Ein bisschen neurotisch, etwas ungeduldig, aber im Großen und Ganzen ein wirklich netter und lustiger Kerl, mit dem ich jederzeit ein Bier trinken gehen würde, wenn er dafür schon alt genug wäre.«

Nächste Frage: *»Mit welchen Fähigkeiten könnt Ihr Euch im Kindergartenalltag einbringen (z. B. Erfahrungen in Elektrotechnik, Bühnenbildbau, Musik, Kochkenntnisse)?«*

Bühnenbildbau? Elektrotechnik? Meine Eltern hatten einst verzweifelt versucht, mich vom Nutzen eines Jurastudiums zu überzeugen. Nie hätte ich gedacht, dass mir

231

Kenntnisse in Bühnenbildbau einmal den Arsch würden retten können. Und mir schwant: »irgendwas mit Medien« ist kein Beruf, der Ben einen Kita-Platz einbringen wird. In meiner Verzweiflung preise ich meinen Mann als Leiter einer Kindertrommelgruppe an, immerhin hat der vor zwanzig Jahren mal Schlagzeug gelernt. Dann schwurbel ich noch etwas von möglichen Abschlusszeitungen und Filmprojekten, die ich mit den Kleinen realisieren könnte, in der Hoffnung, dass ich nie tatsächlich in die Verlegenheit komme, meine Digitalkamera in die Hände eines hyperaktiven Fünfjährigen geben zu müssen. Aus meiner kurzen Zeit als pubertätsbedingte Vegetarierin leite ich mutig »Kenntnisse in alternativen Ernährungskonzepten« ab. Schließlich lege ich ein Familienfoto und noch ein besonders süßes Bild von Ben bei und schreibe entwürdigende Grußworte dazu: »Hallo, ich bin Ben. Und ich würde sooooo gern ein kleiner Quatschpirat / Wilder Schlumpf / Werkelzwerg / Tobetroll / Kuschelstrolch werden. Besonders gut gefällt meinen Eltern Euer pädagogisches Konzept / das fröhliche und engagierte Erzieherteam / die liebvoll gestaltete Spiel- und Bastelecke.«

Sechs Wochen lang höre ich gar nichts, dann ein Anruf von den Kuschelstrolchen. Sie wollen uns gern persönlich kennenlernen.

»Wir sind im RECALL!!!!«, schreie ich Benni-Papa aufgeregt entgegen, als er abends zur Wohnungstür reinkommt. Eine Runde weiter im Eltern-Kind-Casting!

Am großen Tag ziehen wir Ben seinen schönsten Strampler an. Ich ermahne meinen Mann, freundlich engagiert, jedoch nicht zu kritisch zu wirken und in jedem

Fall zu lügen, wenn er nach seinen handwerklichen Fähigkeiten gefragt wird.

Angekommen in der Kita Kuschelstrolche, werden wir mit sechs weiteren Elternpaaren durch die Räumlichkeiten geführt.

»Diese Kletterburg hier hat der Papa vom Gustav in seiner Freizeit gebaut«, sagt die Erzieherin und zeigt auf eine raumfüllende, zweigeschossige Holzkonstruktion mit Rutsche, Kletterwand und Schaukelseilen. Was wir denn so zu bieten hätten, wenn wir einen Platz bekämen?

»Ich könnte mit den Kindern trommeln, so einmal die Woche«, sagt Benni-Papa tapfer, doch die anderen Elternpaare schießen gleich hinterher.

»Ich bin Kinderärztin und natürlich für alle Kita-Eltern auch außerhalb der Sprechzeiten immer erreichbar!«

»Ich bin Koch, und meine Schicht beginnt erst abends, ich könnte hier also jederzeit das Mittagessen übernehmen!«

»Ich bin Buchhalterin und könnte gern die ganze Vereins- und Personalbuchhaltung machen!«

Ich sage gar nichts mehr, weil ich angestrengt versuche, nicht in Tränen auszubrechen.

In den nächsten Wochen kriecht mir der Hass in die Knochen. Ich hasse alle anderen Eltern, die mir und meinem Kind den Kita-Platz wegnehmen. Diese Menschen mit ihren nützlichen Berufen, ihren handwerklichen Talenten und den offenbar superflexiblen Arbeitszeiten. Besonders hasse ich die ganzen fruchtbaren Paare, die mit ihren Geschwisterkindern sofort alle frei werdenden Kita-Plätze besetzen, ganz ohne erniedrigendes Vortanzen. Die ganzen blöden Weiber aus dem Pekip-Kurs und der Rückbildungsgymnastik, die gerade noch auf dem Weg waren, meine neuen Freundinnen zu werden: Ich hasse sie und ihre missratenen Bälger!

Auf dem Spielplatz treffe ich Rita, die ich vom Babyschwimmen kenne. »Stell dir vor, wir haben einen Kita-Platz für Leoni«, erzählt sie mir strahlend. In ihrer Wunsch-Kita. War ganz einfach. Sie war zum richtigen Zeitpunkt da, die Leiterin hatte wohl einen guten Tag, man verstand sich auf Anhieb, schwupps, schon habe der Vertrag auf dem Tisch gelegen.

»Was haben die, was wir beide nicht haben?«, frage ich Ben, nachdem Rita abgerauscht ist.

Ben bleckt seine zwei Zähne und schüttet mir eine Schippe Sand in den Ausschnitt, während die Mutter neben mir meine Frage beantwortet: »Ein dickes Konto!«

»Bitte was?«, frage ich zurück.

»Na, ist doch klar, wie die den Platz gekriegt hat: Die hat den Geldbeutel aufgemacht und gefragt, was es denn kosten soll!«, sagt die Frau, während sie mit einem Stöckchen im Sandeimer ihres Sohnes rührt.

So läuft das also. Bestechung! Gut, dann muss ich wohl auch mein Arsenal an schmutzigen Waffen auspacken!

Phase 5: Ich verliere alle Hemmungen

Inzwischen habe ich mich umgehört und kenne die schmutzigen Tricks meiner Konkurrenten: Es gibt Mütter, die kiloweise Weihnachtsplätzchen bei den Kindergärten ihrer Wahl vorbeibringen. Andere »spenden« größere Summen an Bargeld. Ich weiß von einem Vater, der der Leiterin einer besonders begehrten Kindertagesstätte das komplette Büro kostenlos renoviert hat und am Ende doch ohne Kita-Platz dastand. Ich habe gehört, wie Mütter böse Gerüchte über ihre besten Freundinnen streuten, nur um im Wettbewerb um einen Kita-Platz besser dazustehen. Und ich habe einen Vater getroffen, der von seiner Frau nur mit Mühe davon abgehalten werden konnte, einen vorwitzigen Erzieher-Praktikanten zu ohrfeigen, der sagte, er sei hier nicht der Postbote und habe keine Lust, Bewerbungsunterlagen entgegenzunehmen.

Tja, aber was bleibt mir? Benni-Papa wird sich nicht um einen Platz prügeln, ich bin keine große Bäckerin, und für Bestechungsversuche fehlt uns das Geld.

Apropos Geld! Mein Elterngeld ist in diesem Monat ausgelaufen, und ich muss dringend mal wieder was verdienen. Mir bleibt nur eins: hemmungslose Bettelei. Das fällt mir nicht schwer, denn meine Verzweiflung ist immens. Ich sinke vor Erzieherinnen auf die Knie, ich heule bei meinen monatlichen Wartelistenbestätigungsrundrufen am Telefon. Ich lüge schamlos, ich sei gerade verlassen worden, nun also alleinerziehend und mittellos. Ich sei gerade Opfer einer innerfamiliären Großkatastrophe geworden und völlig verzweifelt. Und dieser Knoten da in meiner Brust, wer weiß, wie lange ich noch … Bitte, bitte, ich flehe Sie an, bitte betreuen Sie mein Kind!

Ich telefoniere mit einer Freundin, die in einer bayerischen Kleinstadt lebt, und schildere ihr mein Leid.

»Du jammerst auf hohem Niveau«, sagt sie mir. »Du hast immerhin eine Chance auf einen Kita-Platz, auch wenn sie gering ist.« Bei ihr auf dem Land gibt es für Kinder unter drei überhaupt keine Krippenplätze, mal ganz abgesehen davon, dass die Nachbarn sie vermutlich nicht mehr grüßen würden, käme sie auf die Idee, ihr Kind vor dem dritten Lebensjahr »fremdbetreuen« zu lassen. Und wenn ihre Tochter dann mit drei in den Kindergarten gehen kann, muss sie sie mittags für eine Stunde abholen, da macht der Laden nämlich zu – Mittagspause!

Ich schlucke. Und frage mich, wie das wohl ist, wenn man tatsächlich alleinerziehend und mittellos ist und sich in der Tagesschau das dummdreiste Gelaber konservativer Politiker anhören muss, die einen Ausbau der Kinderbetreuung und arbeitende Mütter für den Untergang der Zivilisation halten!

Phase 6: Ich resigniere

Inzwischen liegen dreizehn Monate Kita-Platz-Suche hinter mir – ohne jeden Erfolg. Es ist zwecklos. Ich gebe auf. Ich suche nicht mehr, ich rufe nirgends mehr an, ich bettle nicht mehr und werfe mich nicht mehr genervten Erzieherinnen vor die Füße.

Ich plane ein großes Gelage für mich und meine Freundinnen Karla, Sabine und Anne – die drei, die mich vollkommen zu Recht vor allzu laxem Umgang mit der Kinderbetreuungsfrage gewarnt hatten. Mein neues Leben als frustrierte Hausfrau möchte ich wenigstens mit viel Alkohol und einem Schweinebraten einläuten und meinen Freundinnen geloben, in Zukunft besser auf sie zu hören.

Ich stehe an der Supermarktkasse, den Wagen voller

Rotwein und anderer Köstlichkeiten, die meinem Dispo und meinen Hüften großen Schaden zufügen werden. Ich bezahle und packe zusammen, füttere Ben, der noch im Einkaufswagen thront, mit Reiswaffeln. In der Schlange hinter mir steht eine junge Frau, blass und in viele bunte Schals gewickelt. Sie hat nur eine kleine Packung Tampons aufs Band gelegt und wühlt jetzt hektisch in ihrer übergroßen Handtasche herum.

»Scheiße, Geldbeutel vergessen!«, murmelt sie.

Ich sehe die Verzweiflung in ihren Augen, die Hand, mit der sie sich ihren schmerzenden Unterleib hält, und fische zwei Euro aus meiner Tasche.

»Oh, Danke! Tausend Dank!«, sagt sie, nimmt die Münze, bezahlt ihre Tampons und mustert mich. »Wir haben uns doch schon mal gesehen, oder?«

»Nicht dass ich wüsste«, antworte ich.

»Trotzdem noch mal vielen Dank, Sie haben mich gerettet. Wenn wir uns noch mal sehen, revanchiere ich mich!«, sagt sie und verabschiedet sich.

Am nächsten Morgen sitze ich, noch schwer verkatert, mit Ben auf dem Fußboden und baue Türmchen, als das Telefon klingelt.

»Hallo, hier ist Annabelle, ich bin Erzieherin in der Elterninitiative Wilde Schlümpfe. Sie hatten sich doch um einen Platz für Ihren Sohn Ben bei uns beworben. Ist das noch aktuell?«

»Aber so was von!«, antworte ich, und mein Herz pocht wie irre.

»Na dann: herzlichen Glückwunsch. Bei uns ist jemand abgesprungen, und jetzt haben wir noch einen Platz frei. Wir haben uns doch gestern im Supermarkt gesehen, erinnern Sie sich? Sie waren mir gleich so bekannt vorgekommen, ich hatte Ihre Bewerbung mit dem Foto neulich mal in der Hand …!«

Jetzt heule ich.

Hemmungslos.

Vor Erleichterung.

»Danke, o danke, danke!«, schluchze ich ins Telefon. »Sie wissen gar nicht, wie dankbar ich Ihnen bin. Wenn ich irgendwann noch mal eine Tochter haben sollte, dann wird sie Ihren Namen tragen, ich schwör's!«

Annabelle lacht am anderen Ende der Leitung. »Ach, hören Sie auf. Das habe ich schon von so vielen Müttern gehört. Eigentlich müsste bald der halbe Stadtteil Annabelle heißen.«

So also ist Ben einer von den Wilden Schlümpfen geworden – und ich zu Benni-Mama. All die Bettelei, das Feilschen um einen guten Wartelistenplatz, das ständige Anrufen, die Präsenz auf Sommerfesten, Weihnachtsbasaren und an Tagen der offenen Tür, die ganze unwürdige Schleimerei, der erbitterte Konkurrenzkampf mit anderen Müttern – hätte ich mir alles sparen können. Am Ende habe ich für Ben einen Kita-Platz bekommen, weil ich einer Frau in menstruellen Nöten geholfen habe. Es war reines Glück. Vollkommene Willkür. Und trotzdem rate ich all euch schwangeren Frauen da draußen: Lasst eure Bäuche auf die Warteliste setzen. Sofort!

Benni-Mama
Kleine Scheißer in großen Gärten
Eine Vorstadtmutter schlägt sich durch

Band 03232

Endlich einen eigenen Garten, mehr Platz und mehr Ruhe!
Die Benni-Mama und ihre Familie zieht es raus aus der Stadt.
Doch das Leben im Grünen hat seine eigenen Gesetze: Wird
Benni-Papa King of Carport, trotz seiner handwerklichen
Defizite? Wird Benni-Mama den Krieg mit den neuen Nach-
barn um das Kindertrampolin an der Grundstücksgrenze
gewinnen? Kann Ben eine lebenswerte Dorfkindheit haben,
ohne Mitglied im Schützenverein zu werden?

»Nur Spießer wohnen im Speckgürtel? Unsinn!
Mehr Diven und Psychopathen, mehr Streit und Krawall,
mehr Machtspiel und Intrige als in unserer Neubausiedlung
gibt es ja nicht mal im Kindergarten!«

Das gesamte Programm gibt es unter
www.fischerverlage.de